国家社会科学基金教育学一般课题

“智慧教育背景下我国中小学师生关系研究”（BHA170145）成果

The Relationship between Teachers and Students from the Perspective of Smart Education

智慧教育视域下的师生关系

林德全　徐秀华◎著

科学出版社

北京

内 容 简 介

师生关系一直是影响教育活动的重要因素之一。随着人工智能的勃兴，物联网、云计算、大数据、泛在网络等新一代信息技术在教育领域的推广应用，不仅使教育步入新的发展阶段，而且给师生关系及其建设带来新的机遇与挑战。本书发现，师生关系从原来仅限于人类教师与学生之间的双主体关系走向人类教师、机器人教师和学生三者间的三主体关系。本书探讨对三主体师生关系及其类型的认识，以期为三主体师生关系建设，特别是提升相关主体的智慧教育素养提供借鉴和参考。

本书可供教育理论工作者、中小学教师等参阅。

图书在版编目（CIP）数据

智慧教育视域下的师生关系 / 林德全，徐秀华著. —北京：科学出版社，2023.6

ISBN 978-7-03-075689-3

Ⅰ. ①智… Ⅱ. ①林… ②徐… Ⅲ. ①师生关系–研究 Ⅳ. ①G456

中国国家版本馆CIP数据核字（2023）第100123号

责任编辑：崔文燕 张春贺 / 责任校对：王晓茜
责任印制：李 彤 / 封面设计：润一文化

科学出版社出版
北京东黄城根北街16号
邮政编码：100717
http:// www.sciencep.com
北京建宏印刷有限公司印刷
科学出版社发行 各地新华书店经销
*
2023年6月第 一 版 开本：720×1000 1/16
2023年6月第一次印刷 印张：12 1/2
字数：230 000

定价：99.00元

（如有印装质量问题，我社负责调换）

前　言

PREFACE

师生关系不仅是教育中重要的一组人际关系，如何形成良好的师生关系也是一个老、大、难问题：之所以是一个“老”问题，是因为自从有了教育，就有了师生关系，就有了关于师生关系的认识和探讨，并延续至今（未来还将存在）；之所以是一个“大”问题，是因为师生关系不仅影响师生双方当下的教学活动的顺利进行，还对双方的未来发展产生深远影响，尤其是对学生的影响更大；之所以是一个“难”问题，是因为师生关系表面上看起来似乎是双方之间的关系，但事实上远远超过双方之间的关系，在此关系的背后蕴含着一系列复杂的关系。因此，师生关系可以说是教育中令研究者“痴迷”的研究对象，一代又一代的研究者和千千万万实践工作者投身于该项研究中，不断地做出各种尝试性的理性阐释和实践检验。这也意味着，师生关系既是教育中亘古未变的研究课题，也是人们常谈常新的关注焦点。

20世纪90年代末，在当时的主体性热潮下所形成的关于教育主体性及教学主体性探讨的氛围中，笔者对师生关系缘何而来进行过初步的思考。在思考的过程中，笔者逐渐认识到两者既互为又互促。所谓互为，即师生关系离不开其中任何一方，缺少了其中任何一方都不可能形成师生关系；所谓互促，则意味着师生双方不仅是师生关系建立的前提，而且是维系师生关系的两个基本方面，双方互相促进、共同提升。这一朴素的认识在后来进一步深入学习“理解教育”的过程中得到了升华。“理解教育”有四个特质，“师生同益”“感情先行”是其中两项特质。如果说“师生同益”是传统的“教学相长”的升级版，那么“感情先行”则是实现“师生同益”的助力棒、放大器。随着对“理解教育”持续不断的学习，笔者对师生关系的认识也更为深入。后来一名学生表示想基于感情的视角致力于师生关系研究，笔者建议其以互动仪式链理论为基础作进一步的探讨。虽然互动仪式链理论看起来非常重视仪式，但其实更为重视的则是其中的情感参与、情感能量。从某种意义上来说，这与“感情先行”中对感情的重视可谓如出一辙。尽管两者固然存在着学科视角上的不同，即分别侧重于社会学和教育学，但对感情或者说情感的重视无疑是一样的。

在漫长的教育史中，师生关系一直都是教师和学生之间发生的人际关系。随着技术手段的进步，尤其是网络技术的发展，无论是“互联网+教育”还是“教育+互联网”，都意味着不仅教育的时空发生了改变，师生关系也会发生一些相应的改变。尽管此时打破了师生关系长期存在的相对固化的态势，昭示着师生关系进一步变革的序端，但总体上还是在师生之间发生的关系。技术的进一步发展及其在教育中更为广泛和深入的应用，使得自古以来就有的基于智慧的对教育的定位逐渐以更加醒目的智慧教育来表征。尽管此时的智慧教育延续了古老的教育的本真，以智慧的追求为目的，但由于现代技术的加持，也呈现出一些不同的样态。师生关系上的改变就是其中之一。客观说来，师生关系随着教育技术的应用，不仅会呈现教育时空上的变化，而且会呈现一些形态上的变化。更为重要的是，这些形态上的变化体现得越来越明显。如果说此前只是纯粹地基于技术的猜想，那么突如其来的新冠疫情不仅加剧了师生关系在实践中的变革，而且对师生关系的认识提出了理论上的挑战，亟待建构起与新的技术发展和新的教育实践相呼应的理论认识。

本书是笔者承担的国家社科基金教育学一般课题结项成果，在此向课题评审专家表示深深的谢意。正是他们的厚爱，使得笔者能够在最近几年里有机会结合一些最新的学术进展对这一长期关注的领域做进一步的思考。在此过程中，一方面，由于人们对智慧教育本身的认识和探讨在不断变化，比如除了智慧教育外，还出现了智能教育；另一方面，新冠疫情的暴发一度阻碍了我们到实践中去进行观察、调查，以至于整个研究开展得并不顺利。当然，塞翁失马，焉知非福。新冠疫情在一定程度上关上了到实践中去进一步对师生关系观察、调查的大门的同时，也开启了认识师生关系的另一扇窗。如果说在此之前这扇窗还只是一种模模糊糊的感觉，那么现在来看这扇窗应该有了一个初步的轮廓。尽管这个轮廓现在还不算特别清晰，但也比最初的模糊感觉清晰了许多，而且笔者愈发坚信师生关系终将迈出新的关键一步，呈现出新的发展样态。

感谢责任编辑崔文燕、文案编辑张春贺及其团队的精心编校。作者与编辑之间的关系借用解释学家的主张就是作者带来文本，编辑则是将文本更加优美地表达。这中间离不开她们辛勤的付出、智慧的劳动。

林德全

2022年12月31日

目　录

CONTENTS

第一章

绪　论

长期以来，师生关系不仅是教育活动中的重要影响因素之一，而且是影响教育活动成效的最为重要的能动性因素之一。师生关系不仅会影响教育活动的效果，如影响学生对教师所教课程的兴趣，影响学生学习的情绪，影响师生交往频率等，还会影响学生的心理健康，如学生基本心理需求的满足，也会影响学生的自尊心和学习动机的激发，以及学生创造力的生成等。与此同时，在教育实践中，尽管我们可以看到大量因认识到良好师生关系的重要性而重视师生关系建设的教育事例，并为这些事例中的教师和学生感到欢欣和鼓舞，但也不时看到少数师生由于对师生关系的认识不够到位、处理不当而导致师生关系状态不佳，从而影响师生关系和教育效果的情形。虽然后者只是极少数，但对当事双方的影响却不容小觑，值得我们进一步关注和深思，以切实改善师生关系状态，尽可能优化师生关系。也正因如此，师生关系一直是教育研究和实践领域较为关注的方面。

第一节 当前师生关系变革面临新的机遇

一、技术加持下的实践尝试

当前，随着科学技术的进步和人类社会的发展，经典的师生关系在面临许多挑战的同时也遇到了新的变革机遇。在这些机遇中，最为关键的当属技术的进步所导致的教学环境、教学方式的改变。教学环境和教学方式的改变也必然会对师生关系提出新的要求，使师生关系发生改变。比如，2020 年初席卷全球的新冠疫情使原本刚崭露头角但仍处于缓慢推进过程中的线上教学、线上线下相结合的混合式教学迅速成为落实“停课不停教”“停课不停学”，或开展居家学习的重要举措。随着疫情的不断缓解，这种大规模线上教学、线上线下相结合的混合式教学与疫情期间相比，尽管其使用范围相应地缩小，使用频率也会相应地降低，但却不会缩小或降低至新冠疫情暴发之前的水平。对于线上线下相结合的混合式教学而言，新冠疫情的暴发只是一个催化剂，难以起到决定性作用，真正起决定性作用的是各种技术的进步。技术的进步不仅为学习者提供了各种开展线上线下相结合的平台工具，而且提供了多种便捷的使用终端以及较为稳定的网络传输系统。因此，从长期发展趋势来看，线上线下相结合的混合式教学在经过一段时间的触底之后，很有可能随着技术的进步而再次攀升。甚至在此过程中，还可能出现一些形式更为新颖、更为有效的教学方式。这些教学方式不仅会改变教学理念，而且会改变师生之间的关系性表现，如师生交往的方式、师生工作关系的内容等。

二、智慧教育进入新阶段

最初，智慧教育主要是从较为宽泛的层面强调教育对人的智慧的唤醒。

从词源上来说，无论是汉语中的“教育”还是英语中的“education”，都具有“智慧”的意味。《说文解字》中将汉语中的“教”与“育”分别诠释为“上所施下所效也”“养子使作善也”。英语中的education，其拉丁文educare是从动词educĕre转换而来的。educĕre的前缀e有“出”的意思，词根ducĕre则为“引导”，二者合起来就是“引出”，意思是采用一定的手段，把某种本来蕴藏于个体身上的东西引导出来。因此，人类的教育活动最初就打上了智慧教育的烙印，属于智慧教育的范畴。人们尽管囿于认识水平和社会生产方式，并没有明确且集中地使用“智慧教育”一词来指称教育，但并不能据此否定教育工作者对智慧的关注而呈现出来的“智慧教育”样态。只不过，这个时期的智慧教育较为朴素和宽泛，只是把智慧视为教育的目的，希望通过教育来提升人的智慧。在这个层面上，智慧教育既表现在直接把智慧作为教育目的之一，也表现在通过教育中一些方面的改变来达到上述目的。

技术的进步也在不断地促使人们从技术的角度对智慧教育进行把握。在某种意义上，从技术的角度思考智慧教育早已有之。随着科学技术的进步，智慧教育逐渐变得更为依赖科学技术进步所带来的变化，并被视为反映当前教育信息化新境界的表征，特指多种智能信息技术与教育的深度融合。

近年来，随着物联网、云计算、大数据、泛在网络等信息技术在教育领域的应用推广，技术手段与教育的融合不断加深，一大批高度智能化的产品在不断挑战人类智慧极限的同时，也使教育中信息技术手段的应用向更加广泛、深层的方向发展，并赋予智慧教育新的含义，使智慧教育步入新阶段，由此掀开智慧教育发展的新篇章。新阶段不仅意味着教育硬件的升级，也意味着广义上的教育软件也需要升级。师生关系是这种广义上的教育软件的重要组成部分。这是因为，尽管师生关系是教师和学生之间的关系，但无论教师还是学生，都是活生生的人，他们所结成的师生关系在很大程度上是无形的。更为重要的是，这种无形的师生关系不仅客观存在，而且具有重大的价值，甚至有可能左右教育的效果。也正因如此，人们一直对师生关系给予高度重视。在智慧教育迈入新阶段后，师生关系既面临着新的机遇，也面临着更大的挑战，多重方面叠加在一起很可能使师生关系发生根本性改变。因此，基于当前智慧教育所处的新阶段及其未来走向，对师生关系进行研究显得尤为迫切。

第二节 智慧教育下师生关系研究的价值

一、深化和拓宽对师生关系建设的认识

师生关系既是一个实践性问题，也是一个理论性问题，更是一个无法离开理论思考的问题。任何师生关系的实践都离不开理论上的支撑，不仅已有师生关系的研究支撑了当下的师生关系建设实践，而且未来的师生关系建设也同样离不开理论的支撑。智慧教育背景下的师生关系建设同样离不开理论上的支撑，需要通过系统化的思考为其关系建设提供更加充分的理论滋养。

师生关系建设不仅一直是教育研究中的一个老问题、大问题、难问题，而且是一个常谈常新的话题。尽管围绕师生关系的研究成果非常丰硕，而且这些研究也的确对师生关系建设实践起到了引领性作用，但在面对新的挑战和机遇时，已有研究就显得有些不敷使用，难以满足新的师生关系建设的需要，迫切需要为之提供新的理论支撑。基于当前技术更新和智慧教育的发展，在整合已有研究的基础上可以进一步深化和拓宽对师生关系建设的认识。在此前相当长的一段时期内，对师生关系的研究多侧重于在一般层面上，围绕师生关系的本质、结构、类型等方面进行研究。尽管后来随着教育手段的现代化、信息化，研究者对师生关系的探讨有了一定程度的拓展，但总体上依然是在人人关系的前提下建构人机协同的师生关系。因此，这样的师生关系从宏观角度看仍然是双主体下的师生关系，只是在人人关系的基础上增加了人机协同。虽然这比单纯的人人关系有了较大进步，但由于未能准确把握当前及今后智慧教育的发展走势，也未能准确定位新型智慧教育参与者的身份，相关研究显得既不够深入，也不够准确。因此，从当前智慧教育的发展走势和新型智慧教育参与者的身份出发，对师生关系的再探讨可以在

深化原有师生关系认识的同时，拓宽师生关系研究的视角，丰富师生关系研究的内容。

二、准确把握师生关系建设实践中的难题和路径

无论是从教育理论向教育实践转化的角度来看，还是从教育实践自身改善需要的角度来看，师生关系既是一个理论性问题，也是一个实践性问题，更是教育实践中必然面对的现实性问题。面对当前智慧教育的变革实践和新技术下的时代挑战，准确把握师生关系建设中的关键所在，在理论分析的基础上做出审慎的思考，为提升师生关系建设实践能力提供支持的同时，推动师生关系的改善显得尤为重要。

面对各种挑战，不仅教育实践发生了改变，师生关系也随之而变。这也就意味着不仅需要以更加开阔的视野来认识师生关系，准确把握师生关系建设实践中的难题，而且需要在系统梳理和重新思考师生关系建设的基础上探讨更具针对性的行动方略，并把这些方略付诸实践，在准确把握当前师生关系建设的关键所在的同时，为其建设提供切实可行的行动支持，从而有效化解师生关系建设中存在的各种难点、卡点，构建更加和谐、美好的师生关系实践样态。

另外，由于长期以来师生关系都是在教师和学生之间展开的，所以人们对师生关系的把握多是围绕师生之间的人际关系展开的，师生关系建设研究也主要从师生交往频率、感情参与等方面着手。在新的智慧教育阶段，师生关系明显超越了传统的师生两类主体之间的关系。这也就意味着，此时的师生关系除了师生双方外，还增加了技术因素，形成了师生与技术载体之间的交互，从而生成三方之间的关系。因此，技术载体的加入不仅改变了师生关系的参与范畴，更改变了传统的师生交往类型及方式。特别是当前技术的发展达到了一个新的高度，一些具有某种程度的智能，甚至是具有较高程度智能的载体形态，如机器人教师、数字人教师也将逐渐加入教育活动。他们的加入将进一步使师生关系复杂化，从原来的人类教师与学生之间的双主体师

生关系演变成人类教师、机器人教师和学生三者之间的师生关系。这也对师生关系建设提出了新的要求。对于这一要求的回答，也可以为师生关系建设提供更加科学有效的发展路径，能够切实有效地改善师生关系建设实践效果，更加充分地发挥师生关系的教育性力量。

第三节　本书逻辑及框架

基于上述思考和认识，本书按照从一般到具体的思路，从厘清对师生关系的基本认识出发，对智慧教育进行全面梳理，进一步探讨智慧教育下的师生关系建设。本书逻辑如图 1-1 所示。

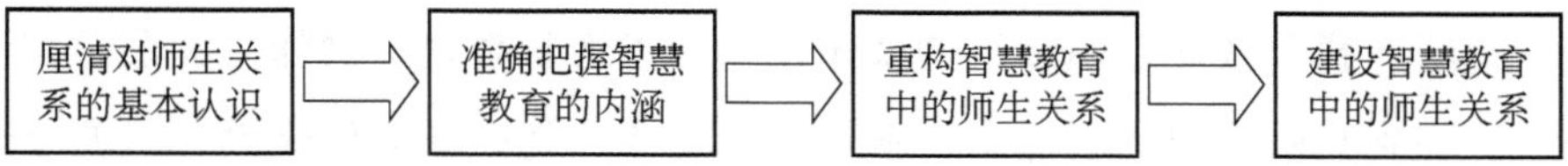

图 1-1　本书逻辑

根据上述逻辑，本书除绪论及结语外，主体部分主要围绕以下四个方面展开。

第一，厘清对师生关系的基本认识。在对广义师生关系进行简要分析的基础上，本书着重对狭义师生关系的特征、价值及类型等方面进行分析，梳理师生关系嬗变的整体走势，揭示师生关系嬗变的密码，明晰未来师生关系的总体发展态势。

第二，准确把握智慧教育的内涵。虽然从某种意义上来说，整个人类的教育活动都可以被看作智慧教育，但在不同阶段，其侧重点有所不同，大体走过了作为目的的智慧教育、作为手段的智慧教育和作为环境的智慧教育三个阶段。由于每个阶段的智慧教育有其特殊的表现形式，所以也可以说智慧教育有三种不同的形态。这三种形态的智慧教育虽然各有不同、互有分野，但也密切交织、有机统合。鉴于手段与环境两者的密切关系，故在今后一段时期内，智慧教育仍然主要是在目的与环境两者结合的基础上展开，并将走向基于智慧教育环境与智慧教育目的相互促进的智慧教育的新阶段。新阶段的智慧教育不仅对包括教师和学生在内的各种影响教育活动要素之间的关系产生深刻影响，而且对师生关系的建设实践和研究提出新的要求。

第三，智慧教育中师生关系的重构。根据目前智慧教育实践及其未来发展趋势，尤其是各种类型的机器人教师纷纷加入教育活动的情况下，师生关系的生态结构将发生根本性改变，由原来仅限于人与人之间的师生关系扩展为人类教师、机器人教师和学生三者之间的关系。由于人类教师和机器人教师既可能在同时空出现，也可能在异时空出现，进而演化出更为丰富、多样的师生关系样态，并呈现出新的特征。这些新的样态及特征从根本上来说与教师类型的多样化息息相关。机器人教师的出现不仅使师生关系发生了改变，而且对人类教师角色的重构提出了新的要求。

第四，智慧教育下的师生关系建设。对于智慧教育下的师生关系而言，既要认识到其所呈现的新样态、新特征，也要知晓应该如何建设，以便让理性思考能够更好地引领建设实践。基于发展趋势，本书从智慧教育素养视角出发，默认机器人教师已经具备相应的智慧教育素养的前提下，对人类教师与学生的智慧教育素养分别进行探讨。人类教师的智慧教育素养主要表现在更高和新增两个层面，学生的智慧教育素养则主要表现在为了应对越来越多的虚实融合的智慧教育而对学生提出更高的要求。虽然这里默认机器人教师天然具有智慧教育素养的“基因”，但也面临着其能否参与及如何参与等一些合法性的问题。

第二章

师生关系述要

从人际关系方面来看，教育活动中存在多种类型的人际关系，如教师之间的同事关系、教师与学生之间的师生关系、学生之间的同学关系等。在这些人际关系类型中，师生关系无疑是其中最为重要的类型之一。这是因为，一方面，师生关系不仅是单纯的人际关系，还是具有重要影响的、教育性的人际关系；另一方面，其他类型的人际关系在某种意义上来说也是基于师生关系并服务于师生关系的。

从整体上来看，师生关系既包括学校教育之中的师生关系，也包括学校教育之外的师生关系。客观说来，两者都属于师生关系的范畴。只不过由于各种原因，人们长期以来一直把关注的焦点或研究的重心更多地放在前者。对于后者来说，研究者要么直接采取选择性无视的态度，根本不涉及；要么只是点到为止，用短短的一段甚至几句话概括性地进行陈述。虽然这两种不同的处理方式都有其道理，但也在某种程度上影响人们对师生关系的整体把握，误以为师生关系只是学校教育中的师生关系，忽略甚至忘记了学校教育之外还存在着大量鲜活、生动甚至产生了非常重要影响的师生关系。尤其是随着时代的发展，学校教育的边界渐趋模糊，对学校教育之外其他类型教育中的师生关系（或者说广义教育中更为广泛的师生关系）的关注显得更有意义。基于这一认识，本章在对学校教育之外的师生关系（即广义的师生关系）进行深入阐释的基础上，聚焦学校教育之中的师生关系（即狭义的师生关系），并以狭义的师生关系作为主要的探讨对象。

第一节　广义的师生关系

师生关系，简单地说就是教师和学生之间所结成的一种比较特殊的人际关系。尽管这一特殊的人际关系实际上存在着广义与狭义两个不同的层面，但人们基本上都把关注的重心放在后者。本章在接下来的探讨中虽然也会以后者为主，但为了更加全面地反映和把握师生关系，充分体现各种类型师生关系的价值，特别是广义的师生关系的价值，所以先对广义的师生关系进行必要的、尽可能全面的阐释。一方面，希望借此改变只重视后者而忽略前者的单极化研究格局，彰显广义的师生关系的存在价值和意义；另一方面，也希望在回顾广义的师生关系演进历程的基础上更好地重构和发展未来的师生关系。

所谓广义的师生关系，即在学校教育之外的人与人之间所结成的师生关系。需要说明的是，这里所说的学校教育之外既包括学校教育没有出现之前，也包括学校教育出现以后两种不同的情况。对于前者来说，由于学校教育尚未出现，尚无狭义的师生关系，故其师生关系自然也就只是广义的师生关系。这种情况下的师生关系既不同于学校教育出现之后在学校教育之外所结成的师生关系，也与学校教育出现之后在学校教育之外所结成的师生关系具有某些一致性。对于后者来说，虽然学校教育出现后有了基于学校教育所结成的狭义的师生关系，并以这种类型的师生关系为主，但与此同时也有大量发生在学校教育之外的更为广泛的师生关系。总之，前者存在于学校教育尚未出现之前，而后者尽管学校教育出现了，但却是在学校教育之外，所以都可以被视为在学校教育之外所结成的师生关系。

无论是在学校教育出现之前的校外，还是在学校教育出现以后的校外，都有大量事例表明不仅存在着广义的师生关系，而且这种师生关系还非常普遍。通过对其中一些事例进行梳理后发现，广义师生关系还可以进一步分为单方公开确认型与单方自行敬奉型两种亚型。

一、单方公开确认型

所谓单方公开确认型师生关系，即其中一方公开承认与他者之间存在师生关系。当然，囿于师生关系的教育性特点、文化传统、资料限制等方面的原因，目前来看主要是一方公开承认他者对自己成长和发展过程的影响。从实践来看，这种亚型的情况可谓比比皆是。其中，尤以“一字之师”最为经典。对于“一字之师”，有研究者称，“大致有两种情况：一是名家写的好诗文，经旁人帮助修改一个字，使句意更加准确、贴切、明晰和传神；二是有些名人在读书或言谈时，把某个字的读音搞错了，而旁人给予指正。当事人在接受和感激之余，就尊称赐教者为‘一字师’”①。尽管从研究的角度来看，存在这两种不同的情况，其实无论哪一种情况都指一方不因对方的地位尊卑、年龄大小，甚至学识高低，在对方指出自己某个字上的不足后不仅欣然接受，而且尊称对方为师，甚至行相应的尊师之礼。在人类历史长河中有大量这种“一字之师”的典故，这里对古今各援引一例来进行说明。

古代的“一字之师”的典故非常多。《辞源》“一字师”词条中就非常明确地指出，“古籍中称一字师的很多”②。比如唐朝的李相（亦说为李绅③）把《春秋》中的一个“婼”（chuò）字读错了，小吏言之，公大惭愧，“命小吏受北面之礼，号曰‘一字师’”④。

近代的“一字之师”的典故也非常多。比如20世纪30年代，南京晓庄学校被蒋介石政府封闭以后，不少学生被逮捕枪杀，晓庄的教师不能回晓庄

---

① 维晔. 古今“一字师”美谈. 语文月刊，1999（11）：45-46.

② 广东、广西、湖南、河南辞源修订组、商务印书馆编辑部. 辞源（修订版）. 北京：商务印书馆，1988：8.

③ 黄椒.“一字师”余话. 咬文嚼字，1997（2）：9-10.

④ 转引自于光远.“一字师”和“半字师”. 咬文嚼字，1996（5）：4-5.

学校任职，私塾先生又被孩子们拒绝，农人不好勉强聘请。不得已，孩子们自己组织起来，推举同学做校长、当教员，自己教、自己学、自己办，称为“儿童自动学校”。陶行知先生在上海闻讯后，写了《南京佘儿岗儿童自动学校小影》恭贺他们：

> 有个学校真奇怪，大孩自动教小孩。
>
> 七十二行皆先生，先生不在学生在。①

诗写好之后，陶行知先生交给几位大学生，请他们指教。他们说尽善尽美，于是用快信寄去。第三天，回信来了，除了向陶先生道谢外，还提出这首诗有一个字要改。信上说：“大孩教小孩，难道小孩不能教大孩吗？大孩能自动，难道小孩不能自动吗？而且大孩教小孩有什么奇怪呀？”陶先生说：“这一串炸弹把个‘大’字炸得粉碎，我是被他们问倒了。我马上把它改为‘小孩自动教小孩’，这样一来是更好了，黄泥腿的小孩改留学生的诗，又是破天荒地证明小孩有创造力。所以，自动学校的小朋友，不是我的学生，乃是我的先生，我的一字师。”②

通过上述古今两个典故可以看出，各种“一字之师”中的教师与学生本身并没有师生关系，但由于对方的点拨或指正要么使自己茅塞顿开，要么纠正了自己在知识上的错误，进而把对方奉为自己的“一字之师”。从严格意义上来说，这种情况下的师生双方并不是真正意义上的师生关系，但却通过“一字之师”的方式结成了一种比较特殊的师生关系。在这种特殊的师生关系中，有些是“无中生有”，即本来没有师生关系，却生出了师生关系；也有些则使师生关系发生了反转，或者说使师生关系倒了过来。后者在陶行知先生的典故中表现得尤为明显。陶行知先生作为南京晓庄师范学校的创办人，已经是在全国各地很有影响的老师了，而南京佘儿岗儿童自动学校不仅是一所新办的学校，而且是儿童自己教自己这样一种特殊的学生自动学校。双方虽然没有直接的师生关系，但从社会角色及分工的角度来看，陶行知理

---

① 文达. 陶行知的一字师. 语文学习，1991（10）：6.

② 文达. 陶行知的一字师. 语文学习，1991（10）：6.

所当然地应该是先生，儿童则自然地成为学生。双方因为相互通信中就一个字的改动而使教师和学生的角色暂时发生了转换，师生关系也发生了“逆转”。需要说明的是，这种“逆转”既取决于是否发生了相应的改字事实，又取决于教师一方的反省自觉程度。如果教师一方没有足够宽广的胸怀，那么也可能只会出现改字之实，而无师生关系发生“逆转”之“故”。可以说，也正是陶行知先生虚怀若谷，才非常谦虚地接受了小学生的意见，他深有感触地说道：“自动学校的小朋友，不是我的学生，乃是我的先生，我的一字师。”[①]这才使师生关系在特定条件下真正发生了逆转。这里之所以强调是在特定条件下，是因为对于单方确认型的师生关系而言，尽管有可能会出现种种逆转情形，但在这些逆转的情形中，绝大多数是偶然的、暂时性的，并不会（或者说不能）使师生双方原有的地位或角色彻底发生转变，并将这种逆转后的师生关系长期保持或延续下去。

对于这种类型的师生关系，尽管本书通过一些“一字之师”的典故对一些师生关系逆转情况进行了分析，但也不排除在此过程中还存在一些不属于逆转的情形，或者说不可逆转的情形。比如作为后学者，或者说学生在一定范围内宣称以某位或某些具有一定影响或造诣的人作为其老师，并竭力效法，从总体上来说，这也是一种公开确认型的师生关系。当然，这种情形尽管没有如“一字之师”中产生的逆转那样带给人们更强的冲击力而不容易引起人们的广泛关注，但无论如何也不应该忽视其客观存在的事实及价值空间。

二、单方自行敬奉型

单方自行敬奉型与单方公开确认型尽管比较相似，但亦有不同。从相同的方面来看，都属于单方认可的广义的师生关系亚型之一，也都与学生方面密切相关。从不同的方面来看，至少涉及两个层面的不同：一是两者的主体不同。在单方公开确认型中，更多的是由教师一方做出的，尊称学生或者明

① 文达. 陶行知的一字师. 语文学习，1991（10）：6.

显处于相对较低地位的人员为自己的教师；而在单方自行敬奉型中的主体是学生，教师是被动地作为被敬奉仰慕的对象。二是公开程度不同。前者是公开确认的，甚至还有些为被尊称为教师的一方所知晓。当然教师方在知晓后，有可能有进一步的教育活动，以延续和深化这种已经被学生认可的师生关系，也有可能由于各种客观原因而没有（或者难有）进一步的教育活动来继续或深化这种师生关系。在此种情况下，虽然没有进一步的后续师生关系，但这种关系仍然是公开确认的。单方自行敬奉型则基本上没有公开或难以公开，只是作为学生的一方出于诸如仰慕或者很偶然的原因而在内心里将某位他者奉为自己的老师，并以这位被仰慕者或被敬奉者为荣而时时刻刻要求自己。由于这是学生方单方自行敬奉，缺少公开表达而难以为他人（甚至包括被其奉为老师的人）所知晓，以至于实践中单方自行敬奉型的事例虽然不在少数，但却因为缺少公开表达而难以为人知晓。

对于单方自行敬奉型师生关系，有两点需要说明：一是无论是出于仰慕还是偶然原因，被敬奉为师者都应该是有一定专长甚至造诣很高的人，否则难以被敬奉为师，尤其是被长期敬奉；二是这种亚型尽管是单方自行敬奉，很难被发现，但也不排除机缘巧合下本来隐藏的单方自行敬奉可能被公开。这些被公开的师生关系弥足珍贵：一方面，这样的一段师生关系佳话不仅已经具有教育性，而且其教育效能还会进一步扩散，为他人提供生动的榜样；另一方面，这样的事例不仅进一步证明了教师影响的示范性、长期性，而且为揭示此种亚型师生关系提供了难得的机会。为了说明这一点，下面就以《一次意外的指导》这则难得的师生关系佳话为例来进行简要的说明。

> 1930 年的一天，清华大学教授刘文典专门到北大图书馆，借校勘古籍用的参考书。他一进图书馆，便把书单给了一位年轻的管理员。只见书单上列的都是些珍贵的古书，末尾还备注着“为校注书籍所需，请馆长准予借取”。管理员不敢怠慢，赶紧去请示馆长。馆长担心这些古书外借会遗失，便让管理员找借口回绝了刘文典的请求。无奈，他只好悻悻地离开了。这时，管理员突然想到了什么，连忙抓起一张废纸，凭

记忆把刚才的书单写了下来。之后，他一有时间，就找来书单上的书学习，受益匪浅。这位年轻管理员就是金克木，只有小学学历的他，靠着自学后来成为文学家。多年后，金克木向刘文典提及此事，感谢道："当年，我没有老师指导，也不知该读什么书，是您的书单给我指明了方向。"刘文典不解地问："你怎么知道我的书单值得阅读？"金克木笑笑说："您是大学者，肯为这些书专门跑一趟，当然值得读了。"刘文典这才知道，自己的书单竟然给金克木上了一堂"无言之课"，非常欣慰。①

在上面这则佳话中，金克木作为北京大学图书馆的管理员，与清华大学的刘文典产生交集、结成师生关系的可能性非常小。但因为偶然的一次借书，刘文典被金克木在内心奉为老师，并借助其所想要借阅的书单的学习而成为文学家。当然，这则佳话妙就妙在这事儿本来只有金克木自己知道，但在后来有机会再次见到刘文典并当面向他感谢时，刘文典才知道这背后的故事。当然，这也揭开了金克木私下隐藏了很长一段时间的单方自行敬奉型师生关系之谜。

如上所述，单方自行敬奉型师生关系一方面在实践中普遍存在，另一方面也存在不易被发现的问题。虽然不易发现，但也不能因此而无视其存在，尤其不能忽视其对当事人即自行敬奉者所产生的深刻影响，以及在更为广泛的群体中可能产生的广泛、深远的影响。

第二节 师生关系的内涵

与上述广义的师生关系有别，这里所说的师生关系是狭义层面的师生关系，是仅限于学校教育活动中的师生关系。而且，遵照表达的通用性和简洁性原则，本书没有使用学校教育之中的师生关系或狭义的师生关系之类的表述，而是以通常广泛使用的"师生关系"这一术语来进行表征。

① 张小平. 一次意外的指导. 环球人物，2015（6）：101.

一、师生关系的特征

根据上述说明，这里所说的师生关系是专指学校教育中教师和学生之间所结成的关系。当然，这一关系也还是“教育过程中人与人关系中最基本的、最重要的方面”①。对于这一“最基本的、最重要的方面”，可以从多个不同的维度进行把握。这里选择从其特征入手来对师生关系进行把握。

对于师生关系的特征，不同的研究者也存在不同的认识。这里把师生关系的特征概括为以下六个方面。

（一）双向性

客观说来，任何人际活动都具有双向性。师生关系作为人际活动之一，自然也具有双向性的特征，只不过由于教育活动的特殊性，其双向性还具有一些特殊性。

第一，这是一种长期持续的双向性。从人际关系的角度来看，师生关系有短有长。短则可能是一项教育活动中的师生关系，长则可能长达数年之间，甚至延伸至更长的时间。总体来看，固然存在前述偶然临时结成的师生关系，但大量的师生关系都会维持一个相对较长的周期，如一个学期、一个学年，甚至一个学段或更长时间。所以，师生关系是一种长期持续的双向人际关系，而不是短时间内临时形成的人际关系。

第二，明确方向的双向性。师生关系的双向性不仅是长期持续的，而且是一直围绕共同目标，具有朝向共同目标的双向性。事实上，各级各类的教育目的，或者说学生的成长和发展等，都是对这样一个双向性的具体表达。

第三，动态调整的双向性。师生之间的关系还是一种不断变化和调整的双向关系，其中既包括随着教育活动的动态调整，也包括随着师生双方关系不断深入而带来的调整等。尤其是后者，在实践中不仅较为常见，而且很有必要。

第四，偶有反转的双向性。由于社会分工等方面的原因，师生之间的关

---

① 南京师范大学教育系. 教育学. 北京：人民教育出版社，1984：140.

系总体上来说是相对固定的，但在此过程中也存在一些师生关系发生反转的情形。在今天的教育中，尽管少有所谓的“一字之师”的轶事，但事实上也不乏有些学生给教师带来启发的事例。在这些事例中，教师和学生之间的双向关系在特定的语境下已经在短时间内发生了改变，呈现类似广义的师生关系中单方公开确认型的情形。

（二）教育性

师生关系之所以重要，还与其具有教育性密切相关。对于这一点，可从以下两个方面来进行说明。一方面，师生关系是教学具有教育性论断的重要体现和关键支撑。客观说来，教学具有教育性既有其多方面的表现，也离不开相应的支撑。前者意味着教学的教育性可以通过师生关系等多个方面体现出来。换言之，教学的教育性不仅可以通过教学内容表现出来，而且可以通过师生关系等其他一些方面表现出来。因此，师生关系是教学具有教育性的重要体现之一。此外，师生关系还是教学具有教育性的重要支撑。比如，对教学内容的正确理解、教学活动的顺利开展不仅都离不开教师和学生，而且离不开和谐的师生关系。这是因为，师生关系的和谐程度不仅决定着对教学内容理解的效果，而且决定着整个教学活动的氛围，自然也会影响到教学的教育性。另一方面，师生关系在客观上确实具有重要的教育性影响。对于这些影响，将在下面师生关系的价值中一并说明，故这里不予赘述。

（三）情感性

教学活动既然是一项人际活动，不仅有情感的参与，体现出情感性，更为重要的是，其中的情感性特别突出。也正因如此，国内外有很多研究者分别从不同的视角出发，对师生关系中的情感性进行了描述和阐释。前者如罗杰斯基于其人本主义的主张，认为学生的认知过程与情感过程是有机的统一体，要求教师应该用情感进行教育，创造师生情感交流的教育环境①；后者如朱小蔓认为，对教育的完整理解不能回避、抽离情感层面，要求“不仅仅

① 施良方. 学习论：学习心理学的理论与原理. 北京：人民教育出版社，1994：404，413.

是以情感来促进教育，更强调要教育情感本身，情绪感受自身就是要教育的内容”①。

对于师生关系的情感性，既要从如上所述其地位及重要性出发，也要从其在实践中的表现出发。从实际表现来看，师生关系的情感性不仅表现为师生在相应的交往活动中各种直接与间接的情感流露，如语言、表情，尤其是相应的语调、语气等所传递出来的相应情感信号，还表现为基于情感而形成的相应的情感氛围，形成一种相对稳定的“情感场”。因此，对于师生关系的情感性而言，不仅要认识到其间情感的重要性，还要注重基于情感性氛围建设，形成具有积极影响的“情感场”，以充分发挥其教育性力量。

（四）发展性

师生关系的形成和建立不是一蹴而就的，而是一个不断推进的过程。因此，师生关系还具有发展性特征。对于这一点，不仅有大量实践事例，而且有诸多研究，分别从实践和理论层面进行了描述或分析。这里仅从理论视角以理论向确证的转化为例来进行说明。在某种意义上，教育主体，也可以说是师生关系必须在实践中得到确证。否则，教育主体只能是委任的教育主体，师生关系也只能是委任的师生关系，无法以真正的教育主体或者说师生关系开展相应的教育活动，难以产生相应的影响。客观说来，确证包括有多层含义。从教育主体方面来看，含义之一即“确证意味着动态性。确证教育主体地位，意味着教学人员的发展，即由没有确证到确证再到没有确证，教育主体始终处于不断的发展之中。也就是说，即使是曾经确证了教育主体地位的人，如果他或她不能合理地彰显自己的主体性，如过度彰显或不充分彰显自己的主体性，那么他或她就不再是教育主体”②。事实上，不仅教育主体，还包括基于教育主体的师生关系，其中一方如果不能充分发挥其主体性，那么不仅相应的教育主体的地位无从谈起，而且真正意义上的师生关系其实也无从谈起。而且，实践中大量生动、鲜活的事例也都证明了这一点。

① 朱小蔓. 情感教育论纲. 北京：人民出版社，2008：125.
② 熊川武等. 实践教育学. 上海：上海教育出版社，2001：66.

需要说明的是，对于师生关系的发展性，人们相对更为重视从微观层面或中观层面进行分析，而缺乏宏观层面的分析。客观说来，微观层面对师生关系发展性的分析无论是对改进师生关系，还是优化师生关系都非常重要，但如果缺乏从更为宏观层面的把握则容易陷入就事论事的琐碎事务中而难以自拔。鉴于宏观层面师生关系的复杂性和重要性，这里不便于勉强捏合在一起，故在下面的复杂性等相关的分析中进行专门的讨论。

（五）复杂性

无论是从表面上来看，还是从形式上来看，师生关系似乎比较简单，只是教师和学生之间结成的双边关系。事实上，师生关系在表面简单的背后却存在着非同寻常的复杂性。对此，这里仅从以下三个方面来进行说明。

第一，师生关系的运行过程复杂。如上所述，师生关系具有发展性。当然，这只是从总体上而言的，并不排除在此过程中师生关系存在一些波动及其他情况的变化。在某种意义上，这些波动及变化还只是在较为宏观层面上的描述。一旦涉及具体的实践活动，其运行过程的复杂性会更加突出、更为多样。撇开后面要讨论的其他层面，仅从过程这个层面来看，高质量师生关系的形成过程绝不是一次性的，而是不断地在双向交互过程中逐渐向更高水平、更好方向发展的。

第二，影响师生关系的因素复杂。师生关系的建立既受师生双方个人因素的影响，也受各自的同伴关系、家长、学校氛围、社会发展等多因素的影响。其中，任何一个方面的变化都可能导致师生关系发生改变。更为重要的是，在很多时候，这些方面还是紧密交织在一起的，从而加剧了师生关系的复杂性。

第三，师生关系的实践类型复杂。师生关系的复杂性不仅表现为运行过程复杂、影响因素复杂，而且也还表现为实践类型上的复杂。鉴于实践类型复杂的多样性和多维性，故这里只是简要提及，具体情况留在后面进行专门讨论。

（六）长期性

总体而言，长期性往往与时间密切相关。从师生关系的角度来看，其在时间上表现出来的长期性涉及持续性与影响力两个密切相关但又有所不同的方面。为了更好地说明师生关系的长期性，下面就从这两个方面来分别进行阐述。

一方面，师生关系持续时间较长。虽然在实践中不排除存在着师生关系持续时间较短的情况，比如偶然的一次讲座或讨论，或者是十天半个月等较短时间的教学活动等，但从总体上来说，绝大多数师生关系至少会维持一个学期甚至更长时间。因此，从持续时间上来看，相当一部分师生关系会持续相对较长的时间。更为重要的是，一旦将其与影响力结合在一起，就会发现其持续的时间更加长久。

另一方面，师生关系的影响较长。师生关系的长期性除了在形式上表现出如上所述的持续时间较长外，还表现为师生关系影响上的长期性。从某种意义上来说，这也许更能从深层次上反映师生关系的长期性。所谓师生关系的影响较长远，即师生关系一旦形成或建立，就会在较长时间内一直延续下去，不大可能会因为所处的教育阶段、社会环境等方面的改变而消失，这种关系直到一方甚至双方生命周期结束后才会终止。即使生命周期终止，有些师生关系在形式上终结了，但其精神还可能延续。

二、师生关系的价值

师生关系作为教育活动中一种长期存在的特殊的人际关系，在很大程度上是因为教育活动的需要（或者说教育活动）而存在的。这也就意味着，师生关系有其重要的价值，对于这一点，在上述师生关系的一些特征，如教育性、长期性等方面的分析中已经涉及。为了更好地理解师生关系，不断地推动师生关系的优化，对师生关系的价值从以下四个方面进行探讨。

（一）丰富教育研究领域

如前所述，无论是广义上的师生关系还是狭义上的师生关系，在很早的时候就已经出现。更为重要的是，伴随着学校教育的出现，不仅开始出现了狭义上的师生关系，而且出现了关于教师和学生定位的思考及要求。无论是这些思考还是要求，在某种程度上都可以被视为对师生关系进行探索的尝试。只不过由于当时教育水平不高，教育研究的水平也不高，对师生关系的思考显得较为简单、零散，既没有形成一个相对完整的体系，也没有作为专门的研究范畴而进行全面、系统的思考。随着研究者对教育复杂性的认识日益深入以及教育研究水平的提高，师生关系作为教育研究关注的对象之一逐渐进入教育研究领域。这不仅是师生关系在教育研究领域中的突破（被作为教育研究领域的对象或者说范畴之一），更是教育领域自身的突破，即把师生关系作为教育研究对象，纳入教育学研究范畴。从某种意义上来说，这应该是师生关系的重大理论价值之一，它既拓展了教育研究领域的范畴，也为理论思考提供了空间。

事实上，师生关系对教育研究的丰富不仅表现在其作为教育研究关注的对象，还表现为其在作为教育研究关注对象之后的走势。在师生关系被视为教育研究的重要对象之后，研究者就围绕师生关系开启了新的探讨。在此过程中，既出现了单一主体论、双主体论等主体数量之争，又有教师中心论、学生中心论及相应的各种不同的主体地位上的分歧，亦有基于相应视角下对师生关系的审视。这些探讨从某种意义上来说，既是丰富教育研究领域的具体表现，也是教育研究领域中对师生关系探讨的进一步深化。这种深化也是对教育研究领域的进一步丰富。

（二）影响教育活动开展

教育活动能否顺利开展受诸多因素的制约。大量教育实践表明，师生关系是影响教育活动的重要因素。如果师生关系恰当和谐，教育活动就能够顺利地开展，而且往往能够取得较好的效果；反之，如果师生关系不够和谐，则往往影响教育活动的顺利开展，不仅可能事倍功半，甚至可能劳而无功。

从某种意义上来说，上面的简要概括还只是师生关系对教育活动影响的总体把握。事实上，除了这种宏观上的总体把握外，学界还从中观甚至微观层面上的师生关系对教育活动的影响进行了探讨。关于这一点，本书仅以相关研究中将教学方法和教学组织形式的变更两个方面结合在一起进行的分析为例来说明："在'教师中心'说占上风的时期，讲授法和班级授课制占绝对统治地位，一旦以'学生为中心'取而代之，没有系统和准备的即兴讨论和散乱的小组或个别教学制占了重要地位。而在现代教师主导和学生主体相统一的教学思想之下，教学方法和组织形式的发展趋势是与之相吻合的，既采用'教师中心'的方法，也不排斥'学生中心'的方法，更多的则是运用两者的结合，利用师生及学生间的相互交流的氛围，使学生主动参与教学过程。"①

（三）左右教育效果

师生关系的价值还表现在教育效果上。客观说来，教育效果是涉及教育活动能否存在以及如何存在的根本性问题。如前所述，能够左右教育效果的因素有很多，师生关系就是其一。正如苏联教育家赞科夫所说："就教育工作的效果来说，很重要的一点是要看教师与学生之间的关系如何。"②

事实上，师生关系对教育效果的影响很早就已经被人们关注，并从不同维度进行了探讨和分析。从教育学角度来看，我国古代著名的教育学著作《学记》中就指出，"安其学而亲其师，乐其友而信其道"③。这一论断后来通常简称为"亲其师，信其道"。其中的"亲其师"从表面上来看是要求学生亲近老师，其实也就意味着师生关系会对学生产生影响，或者说在一定程度上决定着教育效果。从心理学角度来看，心理学有一个著名的实验，即皮格马利翁效应，也被称为罗森塔尔效应。该实验表明，教师对学生的期望具有非常重要的影响，甚至还有可能取得意想不到的效果。除此之外，实践中还有大量事例说明师生关系对教育效果的重要影响。关于这些事例，这里就不再列举。

---

① 吴立岗. 教学的原理、模式和活动. 南宁：广西教育出版社，1998：68.
② 列·符·赞科夫. 和教师的谈话. 杜殿坤译. 北京：教育科学出版社，1980：24.
③ 李绪绅.《学记》解读. 济南：齐鲁书社，2008：47.

（四）影响师生双方发展

师生关系不仅影响教育活动的顺利开展，左右教育效果，而且影响师生双方的发展。师生关系不仅是师生双方的关系性存在，是由教师和学生双方共同决定的，而且反过来影响双方各自的发展或成长。对于这一点，古有“教学相长”①的经典论断，今有“师生同益”②的深度解析。其实，无论是“教学相长”还是“师生同益”，抑或大量教育实践事例，都表明师生关系会影响教师和学生的心理，进而影响其认知和对未来的期许，影响各自的发展空间和可能。

三、师生关系的类型

师生关系的类型，即根据相应的标准对师生关系进行类型学上的把握。尽管师生关系只是教师和学生两类主体的人际关系，但事实上却非常复杂，再加上师生关系具有的重要价值，因此，研究者对师生关系类型的探讨一直在不断地进行。所有这些都使得师生关系具有多种不同的分类方式和多种不同的类型样态。

（一）传统的师生关系类型

传统的师生关系类型主要有学生中心论和教师中心论两种。

以卢梭、杜威等为代表的学生中心论者，一方面把学生的发展视为一个自然的过程，认为教师不能主宰这一过程，而只是“自然仆人”；另一方面，认为儿童的发展是一个主动的过程，他们只能从个体经验中获得发展，由直接经验获取所需知识，教师的作用只在于引导学生的学习兴趣，满足学生的个人需要，而不是直接干预学生的学习。因此，教学过程不应由教师直接进行，而应放手让学生自己经历或体验。学生中心论者认为，学生具有一种内在的潜能，不需外力帮助便可展现出和谐的社会行为，所以较为强调学

① 李绪绅.《学记》解读. 济南：齐鲁书社，2008：21.

② 熊川武，江玲. 理解教育论. 北京：教育科学出版社，2005：33.

习过程中学生内因的作用，贬低甚至否定外因的作用，主张教学应尽力排除包括教师在内的各种外部条件，创造一种能最大限度地允许学生做出个人选择并主动活动的教学环境。

以赫尔巴特等为代表的教师中心论者则认为，教师的作用犹如舵手，学生的心智成长全依赖于教师对教学形式、阶段和方法的刻意求工和定式指导。为此，教师中心论者十分重视教师的权威，强调发挥教师对教学过程的绝对支配作用，并断言“在教育的其他一切职能中，学生直接处在教师的心目中，作为教师必须对他产生影响的实体，而学生对教师必须保持一种被动的状态”①。教师中心论者认为，不应该从人的内部世界寻求对人的行为的解释，而应从决定行为的外部条件来寻求对行为的解释，教师完全可以按预期的目标并通过由他组织的活动中发生的应答反应来矫正或形成学生的行为，因而环境和教育会对学生发展产生影响，强调学生是教育的对象而无视其主体地位。

这两种师生关系类型从理论上来看各有偏颇。之所以如此，关键在于他们没有用辩证的观点来看待学生与教师在教学过程中的地位，并将教与学的关系看成一种直接的、简单的教育者与受教育者的关系，或自发的主体活动与外部条件的关系。

需要说明的是，这两种师生关系主张历史上在中国都曾经广有市场，只不过由于某些方面的原因，后者占据主流地位，导致师生关系在实践中出现扭曲。后来为纠正上述传统师生关系在理论和实践中的弊端，学者又各自从不同的角度提出了多样化的关于师生关系的新型看法，如主导主体说、主导主动说、双主体主从说、轮流主客体说、三体—双中心人物说、教学主体的滑位移错说、同时互为主客体说②、互为互动说③等。这些对新型师生关系的剖析无论是对师生关系的理论认识还是师生关系的实践改善来说，都大有裨益，有助于师生关系的良性发展和建构。

① 赫尔巴特. 普通教育学、教育学讲授纲要. 李其龙译. 杭州：浙江教育出版社，2002：159.

② 魏立言. 教育主体性问题论争述略（下）. 上海教育科研，1994（4）：11-17，23.

③ 林德全. 教育主体性误区及互为互动的师生关系略论. 柳州师专学报，1999（1）：76-80.

（二）实践中的师生关系类①

在教学实践中，师生关系的类型更加复杂多样，可以根据不同的标准进行划分。

1. 根据师生关系的内容层面进行划分

根据教学中师生关系内容层面的不同，可以把师生关系划分为人际关系、组织关系和心理关系。

人际关系是指师生为满足交往需要而产生的关系。在特定情况下，人际关系在师生关系中往往起着微妙的作用。学生常因教师对他的爱护、尊重而“亲其师，信其道”；教师则因学生对他的尊敬、爱戴而敬业爱生、循循善诱。师生之间良好的人际关系意味着其交往频率的提高、其心理距离的缩短，从而使教学在和谐融洽的氛围中不知不觉地形成。

组织关系是由教师与学生在教学过程中各自占据的地位和应该履行的职责决定的。一般说来，在教学中教师是施教者，学生是受教者；教师是教的主体，学生是学的主体；教师是领导者，学生是被领导者。

心理关系包括认知关系和情感关系，是在达成教学目标过程中因彼此产生心理沟通的需要而形成的关系。师生间的认知关系是心理关系建立的基础，师生之间的正确感知和相互理解是良好心理关系得以建立的前提。实践表明，师生间的积极肯定，可以促进教学活动的顺利开展，并能取得更好的教学效果。师生之间的情感关系对教学具有较强的调节作用，教师和学生之间良好的情感相互交流，能够加深彼此的理解，使其做到相互鼓励、相互促进，对教学效果和质量产生积极影响。同时，良好的师生情感关系的建立，可以形成和谐的教学环境，使师生在愉快的合作中达到教学目的。

2. 根据师生关系中的交往形式进行划分

根据教学中师生关系的交往形式的不同，可将师生关系分为以下四种类型。

---

① 田慧生，李如密. 教学论. 石家庄：河北教育出版社，1996：120-124.

一是教师个体与学生个体的关系。这种师生关系适合于个别教学，具有针对性，有利于教师因材施教，优化教学效果。教师要善于深入学生之中，与每个学生交心、做朋友，这样做有利于增进教师与学生个体之间的了解，培养深厚的感情和友谊。这种师生关系给教学中的教师和学生的影响，往往是相当深刻、持久的。

二是教师个体与学生群体的关系。这种师生关系中，教师面对的是学生群体，情况比较复杂，要求教师较为全面地了解学生的情况，整体上把握教学对象的特点，具有较高的注意分配能力、组织协调能力和有效交流的技巧。课堂教学中，教师面对众多学生经济高效地传授知识、发展他们的智能时的师生关系即属此类。

三是教师群体与学生个体的关系。在现代教学中，任何学生个体的成长都会受到来自教师群体的影响。各科任课教师基于培养学生的共同目标开展分工协作，向学生实施教学并产生影响。为了更好地保证教学的有效性和学生的身心健康，教师群体必须注意对学生个体进行“教学会诊”，并且密切配合，只有这样才能形成“教育合力”。

四是教师群体与学生群体的关系。教师群体要塑造好每一名学生，必须首先塑造好自己的群体形象。学生群体素质水平受制于教师群体的素质水平，而教师群体素质的优化和提高又是使素质教育取得成功的前提条件。

3. 根据师生关系的性质特点进行划分

根据教学中师生关系的性质特点的不同，可将师生关系分为专制型、管理型、挚爱型、放任型和民主型五种师生关系类型。

在专制型师生关系中，教师教学责任心强，但不讲求方式方法，不注意听取学生的意愿和与学生进行协作；学生对教师只能唯命是从，不能发挥创造性，学习是被动的。师生交往一般缺乏情感，难以形成互尊互爱的良好人际关系，甚至会因教师的专断粗暴、简单随意使得学生反感、憎恶，甚至直接对抗，最终造成师生关系紧张。

在管理型师生关系中，教师有较强的责任心和义务感，对学生严格要求、规范管理，具有一定成效；学生能够服从管理，形成规范的行为习惯。教学遵循一定的秩序有条不紊地进行，但教师在学生心目中往往可敬而不可亲，虽有一定威信但缺乏温暖感和人情味。

在挚爱型师生关系中，教师尊重学生意愿，注意感情投入，关心爱护学生，工作仔细周到，但对学生的要求不够严格；学生对教师亲近、信任、敬重，能与教师沟通思想感情，但对教师依赖性强，不利于其独立人格的发展。

在放任型师生关系中，教师缺乏责任心和爱心，对学生的学习和发展任其自然，不加指导和控制；学生对教师的教学能力怀疑、失望，对教师的人格鄙视、嘲弄。师生关系冷漠，班级秩序失控，教学效果差。

在民主型师生关系中，教师能力强、威信高，善于同学生一同交流，不断调整教学进程和方法；学生学习积极性高，兴趣广泛、独立思考，和教师配合默契。作为理想的师生关系类型，民主型师生关系在很大程度上源于教师的民主意识、平等观念，以及较高的业务素质和强大的人格力量。

4. 根据师生关系中的交往介质进行划分

根据师生关系中的交往介质的情况，可以把师生关系划分为直接型师生关系与间接型师生关系。

所谓直接型师生关系，即教师和学生通过直接的、面对面的教学及交往活动所形成的师生关系。这种类型的师生关系也可以称为现场型师生关系。在教学实践中，教师和学生通过大量的课堂教学活动及课下师生互动进行交流、对话，在不断地建构和提升师生关系的境界与水平的过程中，其教育性更加凸显。无论是过去还是现在，这种类型的师生关系都居于主流地位，占据压倒性优势。

所谓间接型师生关系，即教师和学生不是通过直接的方式进行交往，而是借助于一些介质，如书信、短信、网络等形成的师生关系类型。这种类型的师生关系也可称作非现场型师生关系、中介型师生关系。无论是过去的函授教学还是现在的网络教学，教师与学生之间都不是面对面地进行交往，而是通过信件、短信、网络等介质进行交往。信件、短信、网络等既是联结师生之间的介质，也是搭建师生关系的重要载体。通过这些介质，能够构建出与直接型师生关系迥异的间接型师生关系。而且，随着慕课等一些利用现代技术展开的新型教学方式的不断涌现，间接型师生关系在数量上会进一步增多，在表现形式上会更加多元化。

尽管这里对于师生关系从传统和现实两个不同层面进行了多重把握，但事实上师生关系仍可以从其他角度进行新的划分。例如，根据师生关系维持时间把师生关系划分为时间较短的临时型师生关系及时间较长的长期型师生关系；根据师生关系形成时的组织程度划分为组织化的师生关系与非组织化的师生关系，或正式的师生关系与非正式的师生关系；根据师生关系的和谐程度划分为和谐融洽型师生关系和对立紧张型师生关系；根据师生关系的发展水平分为初级阶段的师生关系与高级阶段的师生关系。关于这些类型的师生关系，这里就不再一一解析。

第三节　师生关系的嬗变

如前所述，师生关系在整个教育活动中具有重要影响。从直接、短期的影响来看，主要是影响教育活动的开展；从间接、长远的影响来看，则会影响到学生的发展乃至社会的进步。而且，为有效利用师生关系的积极影响，充分发挥教师的作用，还会随着时代的发展和认识的深入，不断调整对师生关系的定位，深化对师生关系的认知，进而使师生关系的样态发生改变。为了更好地分析未来师生关系的发展态势，有必要对师生关系演变的总体情况进行探讨，通过对师生关系嬗变进行回溯的方式准确把握其未来走向。

本章伊始就已经对师生关系从广义与狭义两层面，实际上也就是学校教育之外与学校教育的师生关系进行了分析。这一探讨在客观上尽管也是对师生关系嬗变的一种把握，但由于整个分析仅限于学校教育与学校教育之外，还显得过于粗犷，视角比较单一，未能对师生关系的嬗变做出更为全面的把握。正因如此，这里不再以学校教育为分野，而是在更为宏观层面以涵盖整个师生关系范畴为前提，以学校教育中师生关系的总体变化为主线，从多个维度对师生关系嬗变进行相对全面的探讨。

一、自发形成逐渐向制度化转变

所谓自发形成，即没有诸如制度等任何外在力量来事先规定或者定义教师与学生，而是在实践中逐渐自发、自愿地围绕在某个人的周围，进而形成一个特定的群体。在这个群体中，被围绕的某个人就成为事实上的教师，围绕在其周围的群体则就成了事实上的学生。从整个教育的发展历史来看，师生关系最初就是这样逐渐自发形成的，然后随着学校的产生和发展逐渐向有了明确规定或要求的制度化转变。

（一）师生关系自发形成的表现

从整个历史来看，在文字尚未形成、学校教育尚未确立、主要以口耳相传获取经验的时代，师生关系基本上是以自发的形式呈现的（当然，也不排除一些特定的人群或部落中会用一些默认的规则而设定师生关系的情况）。随着文字的产生，特别是学校出现后，在学校里所结成的正式师生关系尽管发挥了重要作用，但与此同时也还伴有大量非正式的、自发形成的师生关系。因此，自发形成的师生关系不仅早在学校教育出现之前就已经存在，而且一直延续至今。为了更好地把握这种师生关系，下面从东西方对历史上早期自发形成的师生关系进行简要分析。

东方以我国首创私学，下面以被誉为“万世师表”的孔子的相关实践为例来进行说明。孔子首创私学，很多人愿意追随孔子学习。“弟子盖三千焉，身通六艺者七十有二人。”[①]这是很多人愿意追随孔子学习的生动写照。《论语》也记录了孔子对教育对象的相关要求，如“自行束脩以上者，吾未

① 司马迁. 史记·孔子世家. 哈尔滨：北方文艺出版社，2019：140.

尝无诲焉”[①]。在很多时候，人们往往只注意到后半句，认为孔子对教育对象没有特殊要求，与其“有教无类”的教育主张相一致，可以说是其践行“有教无类”的重要“证据”之一。事实上，这一要求一方面确实表明孔子对接收学生持“有教无类”的主张；另一方面，也暗含相应的前提条件，即要“自行束脩以上”。也就是说，如果做不到“自行束脩以上”是无法成为孔子的弟子的，自然也就无法得到孔子的教诲。由此可以看出，“束脩”是能否被孔子接收成为其弟子的前提之一：只有那些“自行束脩以上”者才有可能成为孔子的弟子，进而接受孔子的教授，与孔子结成真正的、正式的师生关系；反之，则不可能成为孔子的弟子，无法接受孔子的教授，也就不能与孔子结成师生关系。需要说明的是，虽然孔子设定了“自行束脩以上”的条件，但这个条件只是他作为教师这一方单方面提出的要求，至于作为学生的另外一方是否愿意接受这个条件，进而成为孔子的弟子，孔子其实是无法提出强制要求的。何谓“束脩”？钱穆认为，“束脩乃一束干肉，乃童子见师之礼，为礼中之最薄者”[②]。即便是“礼中之最薄者”，也有两个缺一不可的前提：一是有没有可以提供“束脩”的可能，即有没有条件能够向孔子奉上最薄之礼的“束脩”。如果没有这种条件的话，自然也就不可能与孔子结成师生关系。二是愿不愿意行“束脩”之礼。有些人虽然有条件奉上“束脩”，但却不愿意奉上，自然也无法与孔子结成师生关系。因此，“自行束脩以上”作为孔子提出的跟随其学习及结成师生关系的要求，但能否在实践中结成师生关系并不取决于孔子，而是取决于那些潜在的有条件且愿意向其学习的人。只有愿意向孔子行“束脩”之礼的人才有可能与孔子结成师生关系。另外，这些人什么时候向孔子行“束脩”以成为其弟子，也没有明确的规定和要求。因此，孔子与其学生之间的师生关系其实是在一种自发的状态下形成的。

在西方，2000 多年前也同样存在大量自发形成的师生关系，其中最为典型的当属苏格拉底在一群同龄同伴的央求下成为他们的老师。在一次聚会

① 孔子. 论语. 杨伯峻，杨逢彬注译. 长沙：岳麓书社，2018：87.

② 钱穆. 孔子传. 北京：生活 • 读书 • 新知三联书店，2002：12.

过程中，克桑德尔和拉弗尔忽然异口同声提出让苏格拉底当他们的老师。尽管苏格拉底回绝“我自己都刚刚在学，我能去教谁”，但在这些同伴的坚持下，苏格拉底最后终于答应做他们的老师。这群青年还将他们聚会讨论的房子叫作“苏格拉底思想所”，并认为“这将是学校——同时又不是学校……”。[①]从这个描述可以看出，苏格拉底起初并没有主动地要求成为他的这些同伴们的老师。甚至在面对这一提议的时候，他自己都觉得不可思议，也没有底气而进行了回绝，自然也就更不可能要求他们跟随自己学习。

如果说苏格拉底是被同龄的青年人勉强“推举”为教师而与他们自发地结成师生关系的，那么年轻的柏拉图自愿拜苏格拉底为师的过程不仅更为传奇，而且也更能说明师生关系形成过程中的自发情况。在遇到苏格拉底之前，“柏拉图的理想还是成为像荷马一样的诗人或剧作家，因而曾经一度沉迷于诗歌和戏剧创作，并表现出很高的文学天赋”[②]。但这一切在苏格拉底的一场演讲后彻底改变了。公元前407年夏天的一天，柏拉图听了苏格拉底的一场演讲后，感到“茅塞顿开，豁然开朗，便将自己的悲剧作品投入火中烧掉，从学于苏格拉底，从文学创作转向哲学研究”[③]。从这个描述来看，苏格拉底与柏拉图之间的师生关系可能相对而言更为传奇。就是这样一场演讲，使柏拉图心甘情愿地改变了自己人生追求的方向，师从苏格拉底开展学术研究，继承苏格拉底的思想衣钵，培养出亚里士多德等极负盛名的思想家。一场演讲，不仅改变了柏拉图的一生，甚至也可以说改变了整个西方思想史的走向。

由上述分析可以看出，在古代无论是东方还是西方，自发既是师生关系建立的重要前提之一，也是师生关系形成的方式之一。

（二）师生关系向制度化的转变

尽管在早期的时候，师生关系表现出一定的自发性的特点，但需要说明

---

① 转引自约瑟夫·托曼，米洛斯拉娃·托曼诺娃. 探索幸福的人：苏格拉底传. 许宏治，吴乐，赵永穆，等译. 北京：生活·读书·新知三联书店，1987：120-122.

② 晓柏. 柏拉图传. 北京：中国华侨出版社，2019：29.

③ 赖辉亮. 世界师大思想家·柏拉图传. 石家庄：河北人民出版社，1997：32.

的是，这只是整个师生关系中的一个组成部分。由于这一时期已经有了学校和相应的学校教育制度，所以在这些学校里或学校教育制度下还有另一种形式的师生关系存在，即正式的师生关系。两者的最大区别在于，前者是自发形成的，后者则有着相应的制度化约束。在自发形成时期，并不意味着没有制度化的师生关系，只不过由于当时社会生产力不够发达、教育不够普及等多方面原因，导致这种正式的师生关系在某种程度上并没有引起后续研究的重视。之所以没有引起重视，一方面是教育的等级化导致受教育的人数较少，其制度化水平还不够高；另一方面则是由于与之相对的大量自发形成的师生关系与扩大教育对象的需要相契合，能够满足一些愿意接受教育的人的愿望，导致人们对正式的师生关系所产生的社会影响关注不多。

随着社会生产力的发展和教育的渐趋普及，特别是学校教育制度的系统化、规范化，使得原来以二分形式呈现的师生关系形成格局逐渐被打破，逐渐向制度化方向转变。关于师生关系的制度化转变将在下面相关内容中做进一步阐释，故这里只简要提及，具体内容留待下文解析。

二、以互启为主向以传授为主转变

总体来看，师生关系的演变除了表现为上述自发形成向制度化转变外，还表现为互启为主向传授为主的转变。

（一）以互启为主的师生关系的表现

所谓互启，即教师和学生通过互相启发的方式展开教育活动。对于师生关系而言，总体来看，确实有很多师生关系具有实质性教育意义，学生也确确实实从老师那里收获了教益。还以苏格拉底与柏拉图为例来说明。“从时间上来计算，柏拉图从学于苏格拉底门下，前后一共有 8 年时间，而这 8 年对于柏拉图而言，也是他人生中最重要的黄金时期。他从老师苏格拉底身上不仅学到了很多哲学知识，而且还学到了很多待人处世之道，更学会人尽其才的教学之道。”[①]由此可以看出，在这种情况下，学生主要受惠于老师的教诲，从老师那里学习相关方面的知识，增长其才智。在此过程中，虽然也不排除有可能学生提出的问题或建议会对老师思想的转变甚至深化有一定的助益的情况，但从总体上来说还主要是以学生从教师那里获得教益为主。

与此同时，除了上述具有实质性教育意义的师生关系外，也还有一些师生关系则是象征性的。在此种情况下，师生双方主要是名义上的师生关系，即双方在相互切磋中共同进步、共同提高。因此，师生之间主要以互启为主。只不过有些互启被公开表达出来，有些互启则更多地暗含在相应的活动中。从公开方面的角度来看，前述苏格拉底被同龄的同伴们奉为老师的故事其实已经证明了这一点，这里不再赘述。本书以另外一个与孔子相关的“绘事后素”典故为例来说明。《论语》中记载，“子夏问曰：‘巧笑倩兮，美目盼兮，素以为绚兮。何谓也？’子曰：‘绘事后素’。曰：‘礼后乎？’子曰：‘起予者商也，始可与言诗矣’”[②]。这里的“起予者商也”翻译过来就是，“商，你是能启发我的人”。这也可以理解为孔子公开地表达了子夏对他的启发。虽然孔子在这里公开地表达了子夏对他的启发，但并不太容易推断出子夏对他到底有什么启发。既有可能如文中所记载的那样，孔子发现子夏的学业已经达到一个新的高度，可以开始与他谈论《诗经》，也有可能是在其他方面对孔子有所启发。尽管《论语》没有这方面的明确记录，但还是非常清晰地揭示了子夏与孔子之间保持着师生关系，子夏对孔子有所启发的事实。

不同于《论语》中只是记载一个具体的师生互启事例，《学记》中的“教学相长”论断则进一步将师生之间的互启关系上升到理论高度。对于教师来说，虽然有很多途径可以帮助其继续深入发展，但向学生学习，或者说从学生那里获得启发也是其中的重要方式之一。这样一来，师生之间本来偶然的、可遇而不可求的互启活动就变成了非常正式的具有普遍性的教育规律。

---

① 晓柏. 柏拉图传. 北京：中国华侨出版社，2019：32.

② 孔子. 论语. 杨伯峻，杨逢彬注译. 长沙：岳麓书社，2018：34.

虽然师生之间客观上存在互启的现象，但总体上以教师启发学生为主，学生启发教师为辅。需要说明的是，尽管学生对教师的启发是辅助性的，但一方面由于这是师生关系在特定历史时期的重要表现形式，另一方面它也的确对教师成长、学生发展都有着不容忽视的价值，所以不容小觑。

（二）以传授为主的师生关系逐渐确立

师生关系之所以从以互启为主转向以传授为主，客观上与教学对象的扩大和教学理论的深化密切相关。

从表面上来看，教学对象的扩大似乎只是接受教育人数的增加，其实不然。教学对象的扩大不仅意味着接受教育人数的增加，而且意味着教学的组织方式、师生交往方式等方面发生改变。这些改变不仅进一步强化了师生之间原本就有的传授关系，而且还进一步固化，使师生关系向以传授为主转变。客观说来，教学对象的扩大为以传授为主的师生关系提供了土壤，但由于这一扩大进程是逐渐推进的，而不是迅速扩大的，所以以传授为主的师生关系的固化也是逐渐进行的。虽然我国汉代的太学及宋代的书院中均出现了类似于今天所说的集体教学的形式，并在向以传授为主的师生关系进行转变，但由于还“并不是固定的班级，学生彼此年龄和程度各不相同，学习进度、修业年限也不一样”①，以至于这种大规模的集体教学只能是一种群体性的教学活动，并不是一种真正意义上的集体教学。尽管当时的教学还没有进一步深化到集体教学的层面上，但也不能否定其在向以传授为主的师生关系转向上的尝试和探索。

后来，随着教育研究的深入，规范的、系统化的集体教学形式逐渐形成，以传授为主的师生关系逐渐得以确立和强化。对此可以用两个经典的材料来进行佐证。在规范的、系统化的集体教学发展史上，夸美纽斯可谓厥功至伟。他对此前广泛存在的群体性教学进行了系统性的规范，建立了以“班”“课”“学年制”等为核心支撑的班级授课制。这使教学组织形式发生根本性变革的同时也还带来了师生关系的改变，使以传授为主的师生关系从

---

① 黄甫全，王本陆. 现代教学论学程. 修订版. 北京：教育科学出版社，2003：356.

原来只是一种静默的存在转向公开的制度化的存在。夸美纽斯以其天才般的设想，为现代教学组织形式的建立打下了坚实的理论基础。这在使以传授为主的师生关系走向规范化、制度化的同时，也产生了弊端，即过于依赖教师的传授，使得师生关系不仅变成了一种单纯的授受关系，甚至还走上了极端化——变成了完全以传授的方式来运行。因此，这种现象也引起了诸多有识之士的关注，并对之进行了深刻的批判。陶行知先生就是诸多持批判立场的有识之士代表者。他对 20 世纪初期我国学校教育这种逐渐强化的以传授为主的师生关系进行了批判："先生只管教，学生只管受教""论起名字来，居然是学校，讲起实在了，却又像是'教校'。这都是因为重教太过。"①这些类似的话语可以说既是对当时班级授课制度下师生关系的描述，也是对师生关系走向以传授为主甚至固化的批判。当然，除了陶行知先生所做出的批判外，也出现了诸如导生制等教学形式的实践尝试。

三、双向关系逐渐转向多向关系

师生关系通常被认为是教师和学生两类主体之间发生的双向关系，实际上这种关系中包括多个具体的实际主体，所以师生之间的双向关系主要是从宏观层面上而言的，具体到实践中则会有多种情形。对于这些情形，可以概括为多种形式的双向关系和更加丰富的多向关系两大类别。

（一）多种形式的双向关系

对于师生关系而言，尽管从总体上来看，双向关系不会发生根本性的改变，但实践中具体的表现则各不相同，呈现一对一、一对多两种不同形式的双向形态。

首先来看一对一的双向关系。在古代，受社会生产力水平低下和教育理论水平还不够高等的制约，教学活动基本上是以个别教学的方式展开。在这种教学方式下，尽管在同一时空里会有数量不等的学生，但每次教学活动几

① 方与严. 陶行知教育论文选辑. 北京：民联书局，1946：10.

乎都是教师与单个学生分别进行的。之所以如此，既与如上所述教育理论水平不够高、没有提供相应的理论支撑有关，也与教育对象的差异过大、难以真正地持续地开展大规模教学有关。但无论到底是何种原因，最后表现出来的都是教师与单个学生之间开展的教学活动。这也就意味着，虽然在同一时空里会存在多位学生，但在实际的教学活动中，师生之间则是以一对一的形式开展的，师生关系也呈现为一对一的关系。

当然，在一对一的教学活动中，也不排除有可能会出现形式上一对一但实质上却是一对多的情形。也就是说，教师与学生在一对一的教学活动中有可能会由于时空重叠、有心向学等原因而产生某种程度的溢出效应，从而超越形式上的一对一，在事实上形成了一对多的情形。《论语》中所记载的孔子对“闻斯行诸”这一问题截然不同的回答就很好地说明了这一点：子路向孔子请教“闻斯行诸”时，孔子提醒子路，“有父兄在，如之何其闻斯行之？”，而冉有问“闻斯行诸”时，孔子却直截了当地告诉他“闻斯行之”。公西华对此感到难以理解，便向孔子求教：“赤也惑，敢问”。孔子回答道：“求也退，故进之；由也兼人，故退之。”①通过这个记载，我们可以看出，孔子对子路和冉有就同一个问题却给出了迥异的回答。实际上，这就是一种典型的一对一的个别教学活动。在此过程中，虽然孔子分别同子路与冉有实施了一对一的教学活动，但由于公西华的在场，以及公西华的质疑和孔子的释疑，使得教学活动已经从形式上的一对一变成了事实上的一对多。

其次来看一对多的双向关系。这里的“一”是指只有一位教师，“多”是指多位学生。一对多的双向关系是指一位教师同时与多位学生结成的双向师生关系，因此，它有别于一对一的双向关系的关键不在于教师，而在于学生。质言之，就是在具体的教学活动中，教师要同时教授多位学生。这些已经在上文中进行了介绍，故此处不再赘述。

（二）更加丰富的多向关系

所谓多向关系，是指在师生两大类主体中多个具体主体之间结成的师生

---

① 孔子. 论语. 杨伯峻，杨逢彬注译. 长沙：岳麓书社，2018：139-140.

关系。虽然这在上述多种形式的双向关系中有所涉及，但由于重心仍然是在双向关系上，并未做进一步说明。为了更好地把握师生关系的嬗变情况，拟对这一情况做进一步阐释。

教师和学生各自作为一类主体，两类主体之间会结成双向关系。对此，在上述多种形式的双向关系中已经进行了说明。与此同时，无论教师群体还是学生群体，双方还都是由多个具体的主体组成的，而这些具体主体相互之间会结成更加丰富的多向关系。对于其间的多向关系，从类型上可以再进一步细分为三种不同的情况。

第一，教师个体与学生群体的多向关系，即一位教师在教学活动中同时面对多位学生，并与之建立关系。对于这种情况，在前面的以传授型为主的师生关系中已经有所分析，故不再赘述。需要说明的是，由于学生之间在客观上存在着一定的差异，所以其间的关系并不能简单地被看作一种双向的关系，而只能是一种多向的关系。当然，这也是就多种水平层面上而言的一种多向关系。

第二，教师群体与学生个体的关系。虽然从教师安排方式上来看，有科任制和包班制两种不同的做法，但事实上由于包班制对教师的要求较高，所以在实践中仍以科任制为主。在科任制下，不仅意味着学生会在特定的时期里与多位教师进行交往，而且也意味着会有多位教师在某个特定的时期基于教育的需要共同指向某个具体的学生，或者某个学生群体。这就使得师生关系呈现为教师群体与学生个体（当然也包括学生群体在内）之间的关系。一方面，各位教师分别从自己的学科及基于学科所形成的认识出发，与相应的学生或学生群体进行交往；另一方面，这些教师相互之间也会在工作过程中通过各种正式或非正式的方式进行交流，通过信息共享相互进一步增强对学生的认识和了解。

第三，学生群体内部相互之间的关系。从表面上来看，师生关系应该是教师和学生之间的关系，但无论是在理论上还是在实践中，师生关系又不仅限于教师和学生之间，还应包括学生与学生之间所结成的在某种程度上具有类似于师生意义的关系。一方面，由于都是学生，所以学生与学生之间只能是生生关系，相互之间并不是严格意义上的教师和学生之间的关系；另一方面，学生之间不仅可能生成类似于师生之间的启发性，而且可能产生一种如马卡连柯所说的那种“平行影响”①。这种影响虽然发生在学生与学生之间，但其作用并不亚于教师与学生之间产生的影响，所以在一定意义上这种关系也可以被视为另一种形式的师生关系。由于这种影响具有不确定性和复杂性，不仅可被视为另一种形式的师生关系，还可被视为师生之间的一种多向关系。

四、同时空交往向融时空交往转变

从时空视角来看，师生关系存在着从同时空交往向融时空交往的转变。所谓同时空交往既很常见，也比较容易理解，即师生在同一时空中进行的交往活动。当然，同时空有可能是狭义的、非常具体的，如同一课堂中或同一学校里；也有可能是广义的、比较宽泛的，比如是在狭义层面上将时间延伸到课堂外，或者在空间上向外拓展到家庭或社会。虽然广义上的同时空不再拘泥于同一课堂或同一学校，但由于这是基于同一课堂或同一学校的延伸或拓展，所以也可以把这种广义层面上的师生关系视为同时空中的师生关系。由于前述各种转向中的绝大多数都可以说是在同时空下进行的，故这里不再赘述，而着重对融时空下师生关系的发展状态做进一步探讨。

融时空作为有别于同时空的另一种形式，不仅意味着师生关系超出了同时空的范畴，而且意味着有可能会是在多种时空中相互重叠交织。

融时空师生关系的出现，与现当代科学技术的快速发展及其在教育中的应用密不可分。科学技术不仅使人类的社会生活发生了巨大变革，而且也使教育产生了重大变革，并使得师生关系发生了变革。因此，从某种意义上来说，融时空师生关系的出现既是教育中应用现当代科学技术快速发展的表现，也是其应用的必然结果。

随着科学技术的进步，一些新兴的技术手段也几乎同步应用于教育活动

① 顾明远. 教育大辞典（增订合编本）（上、下）. 上海：上海教育出版社，1998：1187.

之中。特别是19世纪末，以幻灯在教育领域得到应用为开端，各种新兴技术设备，如无声电影、留声机唱片、无线电收音机、电视、磁带录音机，以及电子计算机系统、卫星传播教学系统和计算机多媒体技术、互联网等也分别在不同的时期被应用到教育领域中。[①]由于这些技术手段是在不同时期分别被应用于教育领域中的，故其对师生关系的改变（即对融时空下师生关系）的影响也各不相同。下面就根据这些技术手段应用于教育领域的三种情况来对师生关系的融时空转变进行简要的分析。

（一）师生关系初步跨越时空的限制

不同时期的科学技术，在具有先进性的同时，也具有一定的局限性。科学技术在教育中的应用及其对师生关系也同样具有上述二重性。利用这些科学技术，如无声电影、留声唱片机，甚至无线电收音机、卫星传播教学系统等使得原来只能在同时空，或者主要是在同时空下的教育活动及师生关系超越时空的限制，可以在更广阔的空间、更加合适的时间，以更灵活、多样的形式建立更为丰富的师生关系。质言之，师生关系不再受时空的束缚，可以超越时间与空间的限制。这对于扩大教育对象，甚至在特定时期里提高教育质量都有着不容忽视的价值。

在这个时期，虽然这些技术手段为教育普及以及新型师生关系的开创做出了重要贡献，但客观上由于技术手段还不够发达，使师生之间的活动不仅不能同时同步，而且难以进行及时的互动交流，甚至根本不可能进行互动交流，故在一定程度上抵消了其所带来的贡献。

（二）师生关系在空间的融合

随着互联网的出现，特别是互联网在教育中的应用逐渐普及，不仅使教学出现了网络空间这一新的空间形态，而且为师生关系的再次变革提供了新的契机。也就是说，师生关系除了原来的同时空和异时空两种类型之外，还出现了通过网络空间结成的新型师生关系。虽然根据网络空间的具体使用情

① 南国农，李运林. 电化教育学. 2版. 北京：高等教育出版社，1998：14-16.

况，可以再进一步细分为“重组”与“相遇”两种形式，但无论哪种形式都是基于网络空间结成的，所以也可以视为师生关系在空间上的融合。下面就对这两种形式下师生关系在空间上的融合情况进行简要分析。

所谓重组，即将原来同时空下的师生关系转移到网络，进而拓展了师生关系的活动空间。在这种情形下，虽然教师及学生都还是原来的，但他们之间的活动空间却发生了改变，由原来的同一物理空间整体平移到网络空间中。在这种形式下，师生关系还是原来的师生关系，但由于活动空间的改变而发生了一定的改变，不再是纯粹的物理时空，而是物理时空与网络时空的叠加。此时，虽然师生关系的活动空间发生了改变，甚至活动形式也会发生一定程度的改变，但师生关系的主体并未发生改变，还是原来物理空间中的教师和学生。

所谓相遇，则是为了充分利用网络空间的价值，扩展网络空间在教学中的使用方式所带来的师生关系的改变。在这一方式中，不仅师生之间的活动空间发生了改变，更为重要的是，参与这些活动的教师和学生也会发生改变。如果说在重组的方式下，师生只是活动空间的改变，那么在相遇的情况下，师生关系不再只有活动空间上的改变，还会有教师和学生的改变，即教师和学生都带有某种不确定性，可谓“师无常生”“生无常师”。在这一方式下，教师和学生之间所结成的师生关系已不再是传统意义上的师生关系，不仅教师不是固定的，而且学生也是不固定的。虽然不排除他们中有些可能后来在物理空间里结成固定的师生关系，但总体上，原来那种能够保持某种确定性的师生关系则会彻底发生改变，并以一定程度的不确定性代替了原来的确定性。

（三）师生关系在时空的新融合

现代科学技术的迅猛发展，缩小了国家和地区之间的时空距离，使世界成为“地球村”。师生关系因此发生了一些新的变化，主要体现为时空的融合。对于这一新的融合态势，大体上可以概括为两大类型：一是此前各种基于时间或空间形态下师生关系的共存，二是师生关系在时空层面上呈现出新的融合样态。

对于前者来说，意味着既有传统的同时空下的师生关系，也有时空分离下的师生关系和仅限于空间上融合的师生关系。也就是说，此前各种类型的、分别在不同阶段表现出来的师生关系在这一阶段同步复出，呈现出一种跨越不同发展阶段的多种形态上的融合。对于这种类型而言，关键不在于多种形态的融合，而是这些形态还都与时空有关，是在时空与形态上的双向叠加与融合。

对于后者来说，则是师生关系在原来同时空与异时空两相分离的基础上呈现出的新变化：既有同时空下的师生关系，又有同时间跨空间的师生关系，两者相互交织使师生关系在时空上呈现新的融合。近些年，一些地区开展的“同步课堂”中所结成的师生关系可以说就是这一融合样态下的典型表现：一方面，参与“同步课堂”的学校里原有的师生关系依然保留，同时空下的师生关系仍然存在；另一方面，这些学校的师生还超越了物理空间的限制，与远在异地的教师结成一种跨越空间的师生关系。①

当然，这种新型融合的师生关系的出现除了与技术进步有关外，还与其他一些社会因素有关。如果仅仅是依靠技术的进步，其推进的过程相对漫长，甚至可能出现各种意料不到的阻碍，延缓其融合的进程。特别在最近这几年，新冠疫情的出现虽然在客观上给人类社会生活带来了严峻的挑战，但是也促使教育方式发生了重大改变。线上线下相结合及无缝切换的应对方式不仅保证了教育活动的顺利进行，而且使师生关系呈现新的融合样态。虽然在具体的结合及切换过程中会有各种不同的运行方式，但无论哪种方式，从最终的情况来看，都呈现为同时空与跨空间之间的叠加。这也就意味着师生关系走向新的发展阶段：既有传统的同时空下的师生关系，又有时空分离及空间融合的师生关系，更有同时空与跨时空相叠加的师生关系。

通过上述分析可以看出，师生关系的嬗变不仅可以根据不同的维度把握，有多种多样的表现，而且应认识到推动师生关系嬗变的原因是多种多样

---

① 程盟超. 教育的水平线. 中国青年报，2018-12-12（9）.

的。从总体上来说，这些原因大体上可以概括为理念与技术的互构、时代与实践的共生。其中，理念与技术的互构既可以是基于完善相应的理念或充分利用相应的技术手段，也可以是利用一些技术手段促进教育理念的转变。无论是前者还是后者，都将使师生关系发生一定程度的改变，甚至是划时代的变革。时代与实践的共生则意味着某种师生关系的出现及其变化绝不是凭空而来的，一定是在特定的时代背景下的教育实践中形成的。

第三章

智慧教育解析

近十多年来，伴随着人工智能的再度勃兴，智慧教育成为教育领域中被高度关注的研究领域之一，但如果从整个教育的历史来看，这只是人们对智慧教育进行漫长探索的一个阶段。从某种意义上来说，在此过程中尽管教育的形态不断更迭，重心也在不断变化，但人们探索智慧教育的初心和热情却始终未改。当然，在不同的历史时期，囿于当时的认识水平和条件的限制，人们对智慧教育的具体定位也各不相同。这些具体定位都是基于相关的主张及研究成果形成的。总体来看，对智慧教育的定位大体可以概括为作为目的的智慧教育、作为手段的智慧教育、作为环境的智慧教育三个历史阶段。需要说明的是，这三个阶段既是相对独立的，也是有机结合在一起的，对智慧教育的研究深化了人们对智慧教育的认识和实践。在当前建设高质量教育体系、大力推进教育新型基础设施建设的大背景下，既要认识到不同理解之间的分野，也要加强这些理解之间的统合，在准确把握其发展脉络的基础上形成对智慧教育的整体理解。

第一节　智慧教育的演进历程

从宏观上来看，智慧教育研究大体经过了三个阶段：作为目的的智慧教育、作为手段的智慧教育和作为环境的智慧教育。尽管这三个阶段是依次超越与不断发生质变的关系，但事实上其关系也必须以承袭与叠加为基础，在已有研究与实践的基础上不断地向新的发展阶段努力。正因如此，本书通过对智慧教育三个阶段的演进情况进行分析，以期能够全面把握智慧教育的整体走向。

一、作为目的的智慧教育

所谓作为目的的智慧教育，即将智慧作为教育的目的，希望通过教育来提升人的智慧。教育作为培养人的活动，尽管在不同历史时期对所培养的人才的质量规格要求有所不同，但也存在一定的延续性、共通性，通过教育提升人的智慧就是其中之一。由于将智慧作为教育目的的表达方式与呈现形态各具特色，故接下来本书将对这两个方面分别进行说明。

（一）直接陈述与间接呈现相交织

从表述方式上来看，作为目的的智慧教育有直接陈述与间接呈现两种方式。直接陈述，即直截了当地将智慧作为教育目的的构成之一；间接呈现则是没有明确地宣称将智慧作为教育的目的，但依然表达了教育可以提升人的智慧的希望。由于对间接呈现的表述存在不同的认识，容易产生争议，所以这里仅以一些直接陈述为例进行探讨。

无论东方还是西方，在很早的时候都已经把提升智慧作为教育目的重要组成部分来进行实践和探讨。东方以我国古代两位著名思想家孔子与孟子为代表，通过对他们有关作为目的的智慧教育的论述来进行说明。《论语》作为记录孔子及其弟子言行的语录体著作，里面有很多关于“智”的论述，所以也可以认为孔子已经对“智”给予了相应的关注。需要说明的是，《论语》中原本只有“知”，而无“智”。“在《论语》中，‘智’皆作‘知’；‘知’与‘智’通。”[①]当然，目前《论语》的某些版本已经根据“知”通“智”的情况对“智”进行了“还原”，从中我们可以直接找到有关“智”的论述。尽管可以借助“还原”后的结果来帮助我们理解孔子关于“智”的探讨，但事实上要想真正理解孔子所说的“智”，特别是将之作为教育目的的重要组成部分，就必须从其整个论述中加以把握。尽管对于《论语》中“知”“智”相通在学界已经达成了共识，但毕竟没有真正地呈现“智”，故这里为避免争论，就不再以《论语》中的相关论述来进行分析，而是以其思想继承者之一，即孟子的相关论述来佐证。孟子将孔子提出的“仁义礼”加以扩充，形成了“仁义礼智”的主张。对此，有研究认为，孔子未对丰富庞杂的伦理道理概念进行整理、归类、排序的工作。孟子从孔子那丰富庞杂的概念群中将仁义礼智四个概念提取出来，重新加以规定，称之为四德，从而在儒家思想上“第一次将‘仁义礼智’四德并提”。[②]由此可以看出，孟子不仅是将孔子“仁义礼”的主张进行扩充，更确立了智的地位，使其成为“四德”之一。

西方主要以被誉为“古希腊三杰”的苏格拉底、柏拉图和亚里士多德对作为目的的智慧教育的论述为代表。苏格拉底关于智慧教育的主张主要表现在其对“美德即智慧”的主张上。在他看来，“美德整个地或部分地是智慧”[③]。他认为，“‘任何人间所称之为美德的东西’，都是可以‘通过学习和

① 夏国军，苗毅. 孔子的理智只是范畴的罗列吗？以孔子的智慧观为视角. 文化学刊，2011（4）：93-98.

② 张奇伟. 仁义礼智四位一体：论孟子伦理哲学思想. 吉林大学社会科学学报，2001（3）：94-99.

③ 北京大学哲学系外国哲学史教研室编译. 古希腊罗马哲学. 北京：生活·读书·新知三联书店，1961：166.

实践来增进的'"[①]。柏拉图则认为，"正义、智慧、勇敢、节制是一个理想国家应有的四项伦理原则。如何才能将它们实现出来。还需要有制度的保证"[②]，并认为"相应的教育制度"即是达到这一目的的重要保证。亚里士多德认为，人的灵魂是由植物灵魂、动物灵魂和理性灵魂三个部分按照从低级到高级依次组成的，要使这三个部分"都能得到满意的充分的发展，最有效的途径是教育和训练"，而且所有教育和训练都是"为了理智的缘故"。[③]

其实，从目的角度来理解和实践智慧教育并不限于古代，在近现代也同样有思想家从这个角度来理解和实践智慧教育。比如，近代教育家洛克就将提升智慧列为教育目的的重要组成部分，认为对年轻的绅士进行培养的要求应该"都包括在四件事情里面，就是德行、智慧、礼仪和学问"[④]。

（二）广义形态与狭义形态间游移

对于作为目的的智慧教育的探讨，不仅表现为直接陈述与间接呈现上的交织，而且表现为不断地在广义与狭义两种形态之间进行游移。对于这两种形态的智慧教育，有研究者认为，"所谓狭义的智慧教育，即是我们通常所说的'智育'或者'智力的教育'，在教育学中，它主要是指'以传授给学生系统的科学知识、形成学生的技能、发展学生的智力以及培养学生能力的教育'"，而"广义的智慧教育是一种更为全面、丰富、多元、综合的智慧教育，它主要包含着三个既相互区分又彼此联系的方面：理性（求知求真）智慧的教育、价值（求善求美）智慧的教育和实践（求实践行）智慧的教育。广义智慧教育既包含着狭义智慧教育，又超越了狭义智慧教育"。[⑤]根据上述研究可以看出，狭义智慧教育与广义智慧教育的区别主要在于教育目的所包括的范畴，或者说是对教育定位上的不同：狭义的智慧教育主要侧重于智力方面的培养，或者说是知识方面的传授，广义的智慧教育则是在更为广泛

---

① 滕大春. 外国教育通史（第一卷）. 济南：山东教育出版社，1989：269.
② 滕大春. 外国教育通史（第一卷）. 济南：山东教育出版社，1989：270.
③ 张焕庭. 西方资产阶级教育论著选. 北京：人民教育出版社，1964：557.
④ 约翰·洛克. 教育漫话. 傅仁敢译. 北京：人民教育出版社，1985：138.
⑤ 靖国平. 从狭义智慧教育到广义智慧教育. 河北师范大学学报（教育科学版），2003（3）：48-53.

的、更为深层的层面对教育活动的规定。

从历史上来看，两种形态的智慧教育一直在不断地来回游移。在早期的智慧教育中，大多是直接从智慧的角度思考教育，或者将提升智慧本身视为教育目的的内容之一，所以可以在一定意义上认为早期的智慧教育应该是指广义的智慧教育。但智慧本身的复杂性使得人们在进行智慧教育的时候很容易陷入困境，即将智慧与知识等同起来，甚至就是以知识来代替智慧，转向狭义的智慧教育。有研究者认为，在极度热爱、推崇智慧的古希腊时期其实就已经开始“从智慧滑向知识”，“将智慧和知识作过明确区分的同一个柏拉图，竟又明确地把智慧和知识等同起来了”。[①]从广义的智慧教育转向狭义的智慧教育既与智慧自身“隐而不显”的特性有关，也与知识与智慧间的紧密联系有关。而两者叠加在一起的结果就是，智慧教育很容易从广义形态转向或滑向狭义形态。对于这种转向或滑向，其实研究者一直保持着高度警觉，不断地告诫人们不要忘记智慧，力图使智慧教育从狭义的形态重新回到广义的形态。在此过程中，除了呼吁要明确区分两种形态的智慧教育外，还有一些研究者或从智慧的重要性出发，或从智慧与知识间的分野出发，重申广义形态智慧教育的重要性。前者如维娜・艾莉就认为，任何将智慧拒之门外的知识体系都是盲目的。没有智慧就缺乏眼光，缺少眼光，我们就会迷失在知识和信息中，找不到前进的方向[②]；后者如杜威认为，赞颂知识，认为知识是通往实在唯一的途径，这种想法既未立即受到摧折，也未一劳永逸地受到排除。但是它难以无限制地被保留下去[③]。在一些有识之士的大力呼吁和不断重申下，教育也在一定程度上得以进行适度的校正，从狭义形态回溯到广义形态。但由于智慧自身难以把握，其与知识之间又紧密关联，因此很容易重新滑回狭义形态。智慧教育就在这样一轮又一轮的呼吁与重申、适度回溯、再次滑回的过程中游移。

虽然智慧教育在两种形态间不断游移，但从总体上来看，狭义形态的智

① 俞宣孟. 本体论研究. 3 版. 上海：上海人民出版社，2012：5-6.

② 维娜・艾莉. 知识的进化. 刘民慧，等译. 珠海：珠海出版社，1998：37.

③ 约翰・杜威. 确定性的寻求：关于知行关系的研究. 傅统先译. 上海：上海人民出版社，2004：300.

慧教育不仅更加显性化，而且所占的比重也更大，可以说是智慧教育的主要形态。与此同时，广义形态的智慧教育也一直在不断地绵延赓续，并不断校正狭义智慧教育发展的航向，推动教育，特别是智慧教育向更高水平迈进。

二、作为手段的智慧教育

如果说作为目的的智慧教育是从方向上对教育所作的规定的话，那么作为手段的智慧教育则是从技术的视角出发，为教育提供相应的技术支持，确保智慧教育在实践中得以落实。根据所支持的指向，这些支持智慧教育的技术又可分为扩大教育对象的技术支持和利用特定工具的技术支持两种不同的类型。尽管这两种类型的技术支持手段有所不同，但由于都在广义上使用了技术手段，又都致力于智慧教育，因此可被视为作为手段的智慧教育。

（一）扩大教育对象的智慧教育

从历史上来看，由于受社会生产力水平等方面的限制，教育活动在早期主要是通过个别化的方式进行的。“古代中国、埃及和希腊的学校大都采用个别教学形式。教师向学生传授知识、布置、检查和批改作业都是个别进行的，即教师对学生一个一个轮流地教；教师在教某个学生时，其余学生均按教师要求进行复习或作业。”[①]尽管这种方式具有较强的针对性，能够较好地关照个体性差异，但也存在着效率低下、难以扩大教育对象等不足。后来，欧洲中世纪末期至文艺复兴时期的学校教育，以及我国宋、元、明、清时期的官学和书院的教育实践中均出现了集体教学活动，即教师向一群（几十名）学生授课，而不是像此前那样一个一个轮流教。这些创举虽然从形式上来看已经具有了班级授课制的样态，但由于“并不是固定的班级，学生彼此年龄和程度各不相同，学习进度、修业年限也不一样”[②]，还没有形成系统化的组织，并没有从根本上改变其个别化的属性，因此依然属于个别

① 王道俊，王汉澜. 教育学教程. 新编本. 北京：人民教育出版社，1989：264.

② 黄甫全，王本陆. 现代教学论学程. 修订版. 北京：教育科学出版社，2003：356.

化的教学。

夸美纽斯对集体教学加以改进，并进行理论上的论证，确立了以“班”“课”“学年制”等为核心支撑的班级授课制，推动了教学组织形式发生根本性的变革。在已有研究中，人们更多地关注夸美纽斯对教学组织形式变革的分析，尚未意识到其与智慧教育之间的关联。事实上，夸美纽斯的创举并不只是针对教学组织形式进行变革这么简单。从智慧教育的角度来看，可以说这还是智慧教育实践的创举，使原本只能面向少数人的低效率的教育变成了可以面向更多人的更高效的教育，是扩大教育对象的智慧教育，也可以说是更为智慧的教育。对于这一判断，至少有以下两个方面的根据：一是夸美纽斯在《大教学论》的扉页上非常明确地指出，该书将以“阐明把一切事物教给一切人类的全部艺术”作为宏大愿景。该段文字是研究者们较为熟悉的根据。二是他还在《泛智学校》中进一步对理想的智慧学校进行了畅想：“我们希望有一种智慧的学校，而且是全面智慧的学校，即泛智学校，也就是泛智工场。在那里，人人许可受教育，在那里可以学习当前和将来生活上所需要的一切学科，并且学得十分完善。”①为此，他甚至还把教育的对象直接称作“智慧的接班人”，希望“把一切知识领域中的精粹的总和灌输给他们的头脑……没有什么是年轻的智慧接班人所不能切实地理解的”②。基于这两个方面的根据，可以认为夸美纽斯在教学组织形式上的贡献并不只表现在对班级授课制的改造上，其实也还表现在对智慧教育的不懈追求上。从某种意义上来说，他对教学组织形式的改革其实是为了实现其对智慧教育的追求服务的。

因为班级授课制难以照顾个别差异而饱受非议，所以后来涌现出了多种不同的改进形式，“但时至今日，仍没有哪种教学组织形式能完全取而代之”③，依然是当前学校教育中最为倚重的组织形式。班级授课制之所以“经常遭受尖锐的抨击而又难以被取代”④，应该与其大规模地扩大教育对

① 张焕庭. 西方资产阶级教育论著选. 北京：人民教育出版社，1964：42.
② 张焕庭. 西方资产阶级教育论著选. 北京：人民教育出版社，1964：43.
③ 曾天山. 教学组织形式比较研究. 西北师范大学学报（社会科学版），1992（1）：78-83.
④ 吴立岗. 教学的原理、模式和活动. 南宁：广西教育出版社，1998：486.

象、提高教育效率、普及智慧教育有着密切的关系。

（二）利用特定工具的智慧教育

作为手段的智慧教育除了从上述扩大教育对象这个维度进行讨论外，还可以从作为特定工具的维度来进行探讨。由于教育中使用的工具具有复杂性和多样性，不能简单地把所有的工具放在一起来进行把握，故这里仅从现代教育技术的视角，对一些利用特定工具开展智慧教育的情况进行简要的分析。

1946 年，第一台电子计算机 ENIAC 问世；1977 年，第一台微型计算机（microcomputer）问世，人类从此开始进入了信息时代。自 20 世纪 70 年代中期起，计算机真正开始对教育直接发生巨大影响，计算机技术开始与教育相结合：计算机辅助教学（computer-aided instruction，CAI）、计算机辅助学习（computer-assisted learning，CAL）、计算机管理教学（computer-managed instruction，CMI）、计算机辅助教育管理（computer-aided educational management，CAEM）、教育信息处理、教育信息数据库、计算机教育、教学咨询等计算机在教育中的各种应用蓬勃发展。①

当然，上述这些设备在教育实践中的具体使用方式各不相同。根据实际使用情况，大体上可以概括为两种基本方式：第一种是纯粹的替代性使用，即仅靠这些设备来代替教师或教师在教学中的部分活动，如投影仪、电视机、录像机、录音机等。无论是在现场使用这些设备播放视频或者音频，还是在远程播放视频或者音频都能够在一定程度上起到替代教师的效果。这种效果在交通不便、经济条件不够发达、师资力量短缺等地区显得尤为明显。虽然随着社会的进步，教育普及化及教育均衡水平的提高，大规模的单纯的替代性使用没有那么普遍了，但由于教育均衡的程度还不够充分，在一些地方经过适当改造后，这种方式仍然还大有用武之地。尽管人们对《教育的水平线》②报道中得出的“屏幕可能改变命运”的结论存在争议，但客观说

① 郑少艾. 国外计算机辅助教学发展及趋势初探. 外国教育资料，1996（1）：66-72.

② 程盟超. 教育的水平线. 中国青年报，2018-12-12（9）.

来，网络同步直播的确可以将一些地区的优质教育资源辐射到教育相对不够发达的地区，起到类似的替代性作用。另外，有些设备由于还可以反复播放，所以不仅有时能够完全替代教师，很多时候还可以在一定程度上减少教师的一些重复性劳动。第二种则是复合的叠加性使用，即将现代教学设备与传统教学手段叠加在一起同时使用。比如，将幻灯、投影等一些现代教学设备的演示与传统的教师的口头语言讲解结合起来，可以收到相得益彰的效果。这是因为，任何信息单一获取的效果都赶不上两种或两种以上方式结合在一起的效果好。心理学家进行了大量的实验后发现，学生会吸收所读的10%、所听的20%、所看的30%、看与听结合的50%。[①]更为重要的是，叠加使用这些设备还不仅仅只是为了进行信息刺激，而是利用这些设备在进行演示或展示时可以提供远比口头语言描述更加生动形象的视觉刺激，在增强直观性的同时有利于加深学生对相关内容的理解。

因此，各种工具在教育领域中使用不仅能够使教育活动形式更加多样，而且在推动着智慧教育的发展。一方面，技术为人才培养提供了支撑，有助于培养出数量更多、质量更高的人才；另一方面，技术的进步也对教育提出了更高的要求，需要教育来培养数量更多、质量更高的人才。客观说来，这些新兴技术手段的使用，“不仅使教学时空发生了很大变化，而且也极大地提高了教学质量和教学效率”[②]。这是因为，有些技术手段进一步扩大了教育对象，比班级授课制下的教育对象还要多出很多倍，有些技术手段可以超越时间与空间的制约，使教育活动更加灵活便捷，甚至可以利用相应技术通过声音、图像、动画等方式营造出如同身临其境般的感受，有利于增强学生的直观体验，提升其理解能力。

三、作为环境的智慧教育

随着科学技术的进步，教育中所应用的技术手段不断迭代升级，人们对

① 黄荣杯. CSCL的理论与方法. 电化教育研究，1999（6）：25-30.

② 熊川武. 教学通论. 北京：人民教育出版社，2010：324.

智慧教育的认识也进入一个新阶段，并开始从教育信息化的角度来探讨智慧教育。“近年来，随着物联网、云计算、大数据、泛在网络等新一代信息技术在教育领域的应用推广。智慧教育被赋予新的内涵和特征，教育技术领域研究者纷纷从信息化视角对智慧教育概念进行了阐述。”[①]从教育信息化的角度把握智慧教育，不仅意味着智慧教育是教育信息化的新境界，而且对智慧教育提出了新的要求，即智慧教育需要满足相应的条件。对此，有研究者就指出，“智慧教育主张借助信息技术的力量，创建具有一定智慧的（如感知、推理、辅助决策）学习时空环境，旨在促进学习者的智慧全面、协调和可持续发展，通过对学习和生活环境的适应、塑造和选择，以最终实现对人类的共善（对个人、他人、社会的助益）”[②]。这也就意味着智慧环境的创设是教育信息化背景下智慧教育存在的重要前提。在这一前提下，为了更好地推动智慧教育，很多研究都围绕智慧环境的创设进行探讨。当然，由于研究者的研究视角不同，对智慧环境的定位及相应的创设要求也各不相同，因此形成了不同的主张。总括起来，这些主张（或者说是对智慧环境的认识或研究）主要是从以下三个方面展开。

（一）智慧学习环境和智慧教育环境

智慧教育中对智慧环境的理解最早始于智慧学习环境，然后再进一步扩展到智慧教育环境及其他视角。由于学习和教育的密切关系，所以这里把二者放在一起，视为智慧环境中的类型之一。

智慧学习环境与智慧教育环境既有密切关系，又有所不同。相对而言，对于智慧学习环境的研究不仅出现得更早，而且相对简洁。学界对智慧学习环境有两种不同的看法：一种把智慧学习环境看作智慧教育的重要技术支撑，认为“智慧学习环境是以先进的学习、教学、管理、利用的思想和理论为指导，以适当的信息技术、学习工具、学习资源和学习活动为支撑，可以对全面感知学习情境信息获得的新的数据或者对学习者在学习过程中形成的

① 杨现民. 信息时代智慧教育的内涵与特征. 中国电化教育，2014（1）：29-34.
② 祝智庭，贺斌. 智慧教育：教育信息化的新境界. 电化教育研究，2012（12）：5-13.

历史数据进行科学分析和数据挖掘，能够识别学习者特性和学习情境，灵活生成最佳适配的学习任务和活动，引导和帮助学习者进行正确决策，有效促进智慧能力发展和智慧行动出现的新型学习环境”①。另一种则是从境界的角度，将这一新型学习环境定位为整个智慧教育三重境界中的第一重境界，涉及的技术特征主要体现在记录过程、识别情境、联结社群、感知环境等四个方面，目的是促进学习者轻松、投入和有效地学习。②

鉴于智慧教育的教育属性，一方面有更多的研究者从教育环境这个视角来理解和把握智慧教育；另一方面，虽然这些研究大都是从教育环境这个前提出发的，但由于各自对其定位有所区别，因此又包括以下四种情形。

一是以学习活动为基础的智慧教育环境系统。有些研究者认为，智慧教育环境因素包括六个维度，即学习者、促学者、资源、设备、工具和学习活动。在这六个维度中，由于学习活动作为中心环节代表着学习的发生，所以“前五个维度全部是围绕学习活动展开”③。

二是融合多个维度的智慧教育环境的系统模型。有些研究者认为，相对于智慧学习环境而言，智慧教育环境的涉及范围更广，其构成要素包括：智慧教育主体，即智慧教学者、智慧学习者和智慧管理者；智能化教育活动支持空间，即智能物理环境、智能社会情境和智能网络情境；为教育活动顺利开展所提供的智慧化条件，即智慧资源、智慧工具和智慧服务。这些要素共同构建了一个智慧教育环境的系统模型。④

三是从生态学角度探讨学校层面的智慧教育生态建设。有些研究者认为，由于学校是现代教育系统的基本组织单元，所以“学校智慧教育生态建设是一种战略性转型行为，需要关注学校组织结构生态、制度生态、文化生态、技术生态等内容，需要学校组织进行科学规划和系统的建设”⑤。

四是对智慧教育中新一代学习技术规范引领标准 xAPI 进行了分析。

---

① 祝智庭，贺斌. 智慧教育：教育信息化的新境界. 电化教育研究，2012（12）：5-13.

② 黄荣怀. 智慧教育的三重境界：从环境、模式到体制. 现代远程教育研究，2014（2）：3-11.

③ 刘俊. 智慧教育环境及其实现方式设计. 中国电化教育，2013（12）：20-26，46.

④ 赵秋锦，杨现民，王帆. 智慧教育环境的系统模型设计. 现代教育研究，2014（10）：12-18.

⑤ 高铁刚，杜娟，王宁. 学校智慧教育生态建设研究. 中国电化教育，2021（12）：26-32.

xAPI 又称 Experience API，是学习体验的应用程序接口，“主要用于学习经历跟踪和记录，在不同类型的学习活动中记载每个学习者的个性化学习行为，包括真实和虚拟学习、正式与非正式学习、协作式或移动学习等不同类型学习活动”①。

（二）混合环境

从环境的角度来理解智慧教育，除了上述相对单一的智慧学习环境或智慧教育环境视角外，也有研究者从混合环境的视角进行了分析。所谓混合环境，即认为智慧教育是多种不同类型环境的叠加。当然，对于不同类型环境叠加的具体情况，不同研究者各自的认识又有所不同。有研究者认为，智慧教育环境为智慧教育活动的开展提供了空间和场所，并由物理环境、虚拟环境和混合环境组成，包括智慧校园、智慧云课堂和智慧教室等应用场景。②这一研究不仅扩展了智慧教育的环境构成，认为智慧教育是由多种环境组成的，而且还将混合环境单列为智慧教育环境的类型之一。也有研究者认为，智慧教育环境包括校内智慧教育环境与校外智慧教育环境两类，提出要完善校内和校外两类智慧教育环境，即支持学校教育的智慧校园和支持终身教育的学习型智慧城区。其中，智慧校园注重建设智慧教室、智慧备课室、智慧语音室、智慧图书馆（学校）、智慧探究实验室等智慧型功能室；对现有网络设备进行升级与改造，普及高速无线校园网；配备基于射频识别（radio frequency identification，RFID）技术和传感器技术的智慧型教育装备，使其能够实现各类物体的互联、识别，以及提供智能化的数据传递服务。而学习型智慧城区以区域教育宽带网为主要平台，充分利用教育信息化的基础设施和现代网络远程教育手段，重点建设除了智慧校园以外的各种智慧化学习环境，包括智慧博物馆、智慧美术馆、智慧图书馆、智慧公园、智慧社区、智

① 唐烨伟，赵桐，王伟. xAPI：新一代学习技术规范引领智慧教育新标准. 现代教育技术，2015（1）：107-113.

② 钟晓流，宋述强，胡敏，等. 第四次教育革命视域中的智慧教育生态构建. 远程教育杂志，2015（4）：34-40.

慧教育探究基地等，以支持社会大众的终身学习。①

（三）云环境

对于智慧教育中涉及的环境，还有一些研究者从云环境视角进行了探讨。有研究者认为，未来的教育，不论是基于教室还是基于互联网的，都将越来越依靠云计算技术，将情景感知、智能技术增加到目前的云计算技术中，构建智慧教育云服务系统，为教育用户提供智能内容、智能推送服务，以创建更加便利、实用、低成本的智慧教育环境。②有的研究者构建出由内环、中环和外环三个部分组成的符合智慧教育云平台标准的“三环”模型。其中，技术服务于教学的理念通过内环的活动序列和为教师设计的简便的拖拽式操作来实现，以活动为中心整合教学系统各个要素的理念通过内环的活动序列和中环的网络学习共同体来实现，面向智慧教育愿景的理念通过外环的学习支持系统来实现。③

从环境的角度来理解智慧教育，不仅可以以更加开阔的视野把握智慧教育，扩展智慧教育的研究域，而且有助于智慧教育的改善及实践运行，优化智慧教育生态。

一方面，从目的、环境和手段三个不同维度探讨智慧教育，每个维度各有侧重；另一方面，不同维度之间不仅有分野，还有统合关系、支撑关系，通过相互依赖、相互支持，不断深化人们对智慧教育的认识和实践。三者间的关系如图 3-1 所示。

通过图 3-1 可以看出，作为目的的智慧教育具有引领性，统率着包括作为手段及环境在内的智慧教育；作为手段和环境的智慧教育尽管各有自己的特点，但都是推动智慧教育的重要支撑力量，共同助力智慧教育的发展。另外，作为手段和环境的智慧教育都服务于作为目的的智慧教育，并在具体的手段或者工具等方面具有一定的相关性：作为手段的智慧教育只是作为环境

---

① 杨现民，余胜泉. 智慧教育体系架构与关键支撑技术. 中国电化教育，2015（1）：77-84，130.

② 张进宝，黄怀荣，张连刚. 智慧教育云服务：教育信息化服务新模式. 开放教育研究，2012（3）：20-26.

③ 殷宝媛，武法提，章怡. 智慧教育云平台标准的“三环”模型构建. 现代教育技术，2018（1）：86-92.

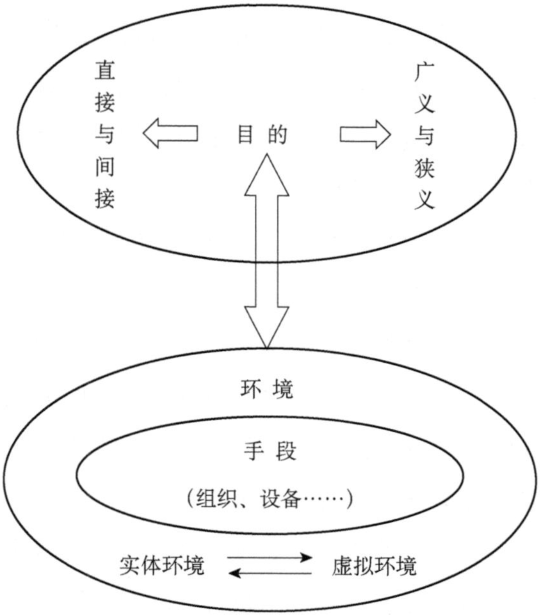

图 3-1　智慧教育三重向度的统合关系

的智慧教育的支撑，随着技术的进步，部分手段进一步升级迭代后泛化为推动智慧教育的环境。因此，作为环境的智慧教育是对作为手段的智慧教育的拓展和深化。当然，两者间还存在明显的区别：作为手段的智慧教育只是作为环境的智慧教育的重要组成部分。也就是说，作为手段的智慧教育和作为环境的智慧教育存在一定的差异，但它们在致力于智慧教育，并服务于作为目的的智慧教育上是高度一致的。

总而言之，对于智慧教育来说，既要从上述三个方面分别进行把握，厘清它们的内涵及它们之间的关系，但也要在此基础上把这些相关的方面统一起来，形成对智慧教育的整体认知。只有这样，才能为更好地推动智慧教育实践的发展打下坚实的基础。

第二节　智慧教育的当代认识

如上所述，从宽泛的意义上来说，人类探索智慧教育的脚步未曾停止过。面对当前“百年未有之大变局”带来的新机遇、新挑战时，如何更好地理解智慧教育，推动智慧教育实践的深化、优化也就成为摆在教育研究者面前亟待认真思考和深入探索的问题。这不仅事关智慧教育的健康发展，而且对于整个教育的发展都具有非常重要的价值。

为了更好地把握智慧教育，在梳理已有研究的基础上，这里结合关于智慧教育实践的探索，尝试采取广义层面+双智互促的方式来对其进行深入阐释。广义层面意味着对智慧教育的理解不能是基于某个特定时期或特定方面的理解，而是从整个教育的发展历程来看待智慧教育的演进，或者说将智慧教育放在整个教育的历史长河中来进行审视。双智互促则是指在智慧教育中，智慧的教育环境与智慧的教育目的是相互促进的。一方面，智慧的教育环境有助于智慧的教育目的的实现，通过智慧的教育环境建设可以促进智慧的教育目的的实现；另一方面，智慧的教育目的的实现离不开相应的条件的保障，而智慧的教育环境即是实现智慧的教育目的的重要保障。基于这一认识，下面将在对两者分别进行分析的基础上，阐释其间的互促实践样态，以期能够更好地把握智慧教育的精髓，提升智慧教育实践的智慧属性。

一、涵养智慧的教育环境

尽管学界对教育的理解存在差异，但总体上把教育视为一种活动，并认为教育是由教育者、受教育者和教育内容构成的活动。随着认识的深入和研究范畴的拓展，对教育构成要素的认识也在不断地深化、拓展。当然，对于这些深化和拓展的认识，有些已经被一些研究者列入教育构成要素中，有些虽然没有被明确列入，但无论在事实上，还是在人们的意识当中，都被视为教育构成要素，并以非常认真的态度来对待。当然，还有一种比较特殊的情况，即无论是否被明确作为教育的构成要素，都在教育的相关分析中着重进行分析。环境就属于比较特殊的情况。对于环境来说，有些研究者将其列为教育的构成要素之一，但是有些研究者却没有将其作为教育的构成要素之一。无论环境是否作为教育的构成要素，研究者都会将其列为影响受教育者的重要因素之一，并对其进行详细的分析和探讨。这也就意味着，尽管环境在有些研究者那里没有被列为教育的构成要素，但并不意味着事实上不存在，更不意味着可以忽视其价值。

事实上，对于环境在教育中的重要性的认识其实早在先秦就已经开始了。先秦时期，“孟母三迁”的故事，以及荀子关于“蓬生麻中，不扶而直；白沙在涅，与之俱黑”[①]的论述等都反映了当时人们对环境在教育中重要性的认识。近些年来，环境日益成为人们高度关注的影响教育的重要方面之一。一方面，人们做出了很多关于教育环境重要性的探讨；另一方面，在实践中，人们对教育环境进行了相应的优化尝试。无论是这些探讨，还是所进行的实践，都不仅更加深化了人们对教育环境重要性的认识，而且也确实在很大程度上提升了教育的效能。特别是实践中的一些优化环境的尝试所取得的效果表明，应更进一步重视教育活动中的环境建设，更加良好的教育环境能提升教育的水平。

随着社会的进步和教育的发展，不仅人们对教育环境的认识在不断地深化，在实践中对教育环境建设的重视程度也在不断提高。虽然从总体上来说，这些都属于智慧教育环境的营造，但从具体的表现和实践来看，智慧教育环境的营造又存在着创设和支撑两种不同的方式。这两种不同的智慧教育环境的营造方式，既有共性，亦有区别。为了更好地理解智慧教育，下面将分别对这两种智慧教育环境营造方式进行阐释。

（一）创设式营造智慧教育环境

之所以需要创设式营造智慧教育环境，客观上与环境本身存在着两种不同的情形有关：一种是有些环境原本就存在，但却存在着教育性不够集中、不够突出等一些效果泛化的现象，甚至有些时候只是很偶然地发挥出一定的作用，以至于相应的效果难以深入、持续，需要通过改进原有环境的不足之处，创设新的智慧教育环境；另一种则是原本没有类似的或相关的环境，但这种环境对于教育活动的效果而言又是非常必要的，为了充分发挥环境的育

① 叶绍钧选注. 荀子. 宛志文校订. 武汉：崇文书局，2014：2.

人价值，需要通过一定的方式专门创设智慧教育环境。这两种情形虽然有所不同，但由于都离不开对环境的创设，故而可以被视为一个大类，即创设式营造。

从整个教育的历史及实践来看，依据现有环境情况，创设式营造智慧教育环境主要通过以下三种方式进行。

1. 简单改变现状

所谓简单改变现状，即在现有基础上进行了一些细微的调整。这些调整虽然从总体上来看比较细微，但却依然能够达到非常明显的效果。对此，这里还以“孟母三迁”为例进行说明。孟子小时候，最初先是住在墓地旁边，他就跟着大人学跪拜、哭号；然后母亲把家又搬到了市集旁边，他就开始有模有样地学起了商人做生意；最后母亲把家搬到了学校附近，他开始逐渐变得懂礼貌、爱学习。尽管这个故事有多个不同的版本，但无论哪个版本都不仅说明了环境的重要性，还说明了改变环境的重要性。在整个过程中，尽管孟母只是将家庭居住地进行了改变，但每一次改变却都给孟子创造了新的教育环境，孟子也都做出了与该环境相一致的行为。虽然对有些家庭而言，搬家可能并不是一件小事，有些甚至是几乎不可能的事情，但如果将其仅仅看作改变居住场所的话，那么在某种意义上其实也可以将其简化为一种相对比较简单的现状改变，只是从此处移到了彼处而已。在教育实践中，这种简单地改变现状而收到显著教育成效的事例还有很多，这里就不再一一列举。

2. 改善物理环境

从某种意义上来说，上述简单改变现状其实也在一定层面上涉及物理环境的改变。当然，由于过于简单，还难以涵盖改善物理环境的全部内容。也正因如此，这里拟在简单改变的基础上，将改善物理环境单列出来，进行专门的阐释。这也就意味着对教育中环境的创设，除了上述简单改变现状这一方式外，还会在条件许可的前提下通过对其中的一些物理环境进一步改善来进行。客观说来，在教育中，有很多方面都与物理环境密切相关，如教育空间的大小、光线的强弱、温度的控制等。而且实践中也确实有很多对教育环境的创设就是从这些方面着手的。本书仅以改变教育空间为例来进行说明。考古学家发现，在两河流域上游马里城的一所学校，仅由一条进入学校的通道和大小不一的两个房间组成。其中，大房间长 44 英尺①，宽 25 英尺；小房间大概有大房间的 1/3。大房间内，设有四排可坐 45 人的石凳；小房间设有 3 排可供 23 名学生坐的石凳②。根据当时的社会及教育来看，不大可能专门对教育空间做出详细的科学规划，主要是由教育举办者根据其认识及实际条件来进行安排。如今，不仅大到学校的空间分布，小到教室的空间布局等都有了明确的规范，甚至对教室的采光、照明等也都进行了规范，制定了详细的技术规格。为了保证中小学教室的采光，我国《中小学教室采光和照明卫生标准》（GB 7793—2010）要求，“宜采用南北向的双向采光。教室采用单侧采光时，光线应自学生座位的左侧射入，南外廊北教室时，应以北向窗为主要采光面”③。该标准不仅对教室的朝向进行了规范，还要求“教室窗地面积比不应低于 1:5”，比此前“不应低于 1:6”的要求有所提高。这些标准从表面上来看是对教育空间在布局上的要求，其实也可以说是对教育物理环境进行改进的重要举措。

3. 加入精神元素

对于教育环境的创设，除了简单改变现状和改善物理环境外，还可以从精神层面着手，即加入一些精神元素。对于这种方式而言，关键在于如何“加入”。从已有研究和实践来看，其加入的方式大体有两种。一种是用精神元素来弥补原有现状（如物理空间）的不足。囿于条件的限制，虽然有些原有的现状或物理空间在短时期内难以改变，但是可以通过精神元素的加入收到意想不到的效果。对此，有研究者就非常明确指出，“在物资有限的国家，典型的学校建筑物已经大大地失去了它的重要性。虽然表现先进技术革新的现代建筑物，从理论上来说有许多优点，但经验告诉我们，学校设置

① 1 英尺≈0.3048 米。

② 戴本博. 外国教育史（上）. 北京：人民教育出版社，1989：11.

③ 中华人民共和国卫生部、中国国家标准化管理委员会. 中小学教室采光和照明卫生标准（GB 7793—2010），2011.

上、设备上和建筑上的缺点，大部分可以借助于新型的师生关系，运用创造性的教育学和树立新的教育气氛来得到补偿”①。其中所谓的“新的教育气氛”从某种意义上来说，其实也就是精神元素的加入。另一种则是在原有环境的基础上，通过叠加的方式把精神元素融入其中，如校园的校训墙、教学楼的作品展示和宣传等就是在原有的校园环境、教室环境的基础上，把一些相关的精神元素加入进来，通过润物细无声的方式来获得更好的教育效果。

（二）支撑式营造智慧教育环境

需要说明的是，无论是前述创设式营造智慧教育环境，还是这里所说的支撑式营造智慧教育环境总体上都是营造出较好的环境以推进智慧教育建设。而且，从事实上来看，无论是创设式营造智慧教育环境，还是支撑式营造智慧教育环境，在宽泛的层面上都可以看作一种支撑，二者往往不能被截然分割开来。这里之所以对二者进行区分，主要是从手段或方式来展开的。也就是说，如果使用传统手段，则往往从创设式营造智慧教育环境的角度来把握；如果使用现代科技手段，则变成从支撑式营造智慧教育环境的角度来理解。质言之，在当前的教育活动中，至于到底是哪种营造，关键在于所使用的手段。

由于现代技术手段的复杂性和多样性，所以对于手段可以从多个不同的维度来展开。囿于研究主题的限制，这里仅以其中的直观手段为例进行分析。

客观说来，听和看都是非常有效的获取信息的方式，但从总体而言，单纯地通过听或看来获取信息所取得的效果并不是特别好。尤其是由于教育对象的身心发育特点和成长经历的限制，单纯地靠看或听获取信息的效果往往不佳。为了改变这种状况，直观性教学的构想被提出，以期通过直观的方式帮助加深学生对相关内容的理解。但由于社会发展水平和科学发展水平的制约，在相当长的时期里，直观性教学还只是停留在语言表述的直观，教师往

① 联合国教科文组织国际教育发展委员会. 学会生存：教育世界的今天和明天. 华东师范大学比较教育所译. 北京：教育科学出版社，1996：73.

往用陈述、比喻等各种口头语言表达方式最大限度地将教学内容进行直观呈现。随着科学技术的进步，直观的形式或手段也在日益丰富，出现了多种不同的直观手段或方式。对于这些直观手段或方式，根据其直观呈现状态，可以划分为静态型直观与动态型直观两大类。

1. 静态型直观

为提高教育效果，人们一直在努力寻找各种能够弥补语言表达不足的方式。也正因如此，一些有别于口头语言的直观方式，像实物、模型或模像、板书示范等其他类型的直观方式逐渐开始在教育中得到应用。虽然这些方式各不相同，但从总体上而言，主要是以相对静止的方式呈现给受教育者。对于这种类型而言，可从以下三个方面加以说明：第一，这些静态型直观离不开口头语言的配合。虽然这些静态型直观可以在一定程度上替代语言的作用，但仍然离不开口头语言的参与，需要口头语言的密切配合，才能收获最佳效果。第二，这些方式在今天看起来似乎比较简单，只是一些实物或模型等，但事实上无论是在教育理论发展过程中，还是在当前的教育实践中仍然具有非常重要的地位。第三，直观型静态只是相对静止，并不是绝对不动。这也就意味着在这种直观类型中仍然会存在移动或者运动的状态。只不过这些移动或运动状态的实现主要是借助于人的操作来完成的，而且是在较短时间里进行模拟性的运动，并非事物自身较长时期运动变化过程的展现。

2. 动态型直观

有别于静态型直观，动态型直观主要是通过一些播放或演示设备来对相关内容进行呈现的方式。对于动态型直观来说，关键在于能够通过一些设备进行播放或演示，从而能够做到更为逼真、全面地呈现。随着科学技术的进步，各种动态型直观的手段层出不穷，从最早的教学录像开始，再到后来的教学视频、动画，一直到当前的虚拟现实（virtual reality，VR）技术，等等。虽然这些动态型直观在不同的历史时期里都发挥了重要的作用，但客观上由于有些手段过于久远，难以在当下继续使用，同时随着科学技术的进步，也有越来越多新型的更为智能的演示手段加入进来。所以，这里仅以目前使用渐趋广泛，并能在一定程度上体现未来动态型直观趋势的 VR 技术为例来进行分析。VR 以计算机技术为核心，结合大数据、人工智能、传感器技术等生成与真实环境在视觉、听觉、触觉等方面高度相似的数字化学习环境，使体验者产生“身临其境”的感受与体验，从而实现近似“真实环境”下的学习①。虽然研究者对 VR 在教育中的作用存在着一些不同的看法②，但总体上都认为 VR 对学生的成绩有积极的正向促进作用③。而 VR 之所以能够起到这些积极的正向作用，很大程度上应该与其所提供的感官刺激有关，即利用直接的视觉刺激，或者说视觉刺激与口头语言二者的叠加，以有利于加深学生对相关内容的认识和理解。

虽然创设与支撑这两种营造智慧教育环境的方式存在一定的差异，但从总体上来说都是对影响教育的环境所进行的思考，是在环境层面上为推进智慧教育发展、创设适宜的智慧教育环境而做出的努力。

二、启迪智慧的教育目的

教育作为一种培养人的活动，必然涉及“要培养什么样的人”这一重大又根本的问题。对于这一问题的思考、回答等，在教育研究领域通常用“教育目的”一词来表征。从历史上来看，尽管存在多种教育目的观，如社会本位的教育目的观、个人本位的教育目的观等，但事实上，不管是哪种教育目的观，都必然涉及智慧的成分。也正因如此，可以从智慧的角度，在更为宽泛的层面将教育视为一种启迪人的智慧的活动。基于这样的认识，就可以把整个人类的教育都看作启迪智慧的智慧教育。这也与上文从广义层面上对智慧教育的理解相一致。

为了更好地从智慧这一角度来把握智慧教育，下面将从对智慧的阐释入

---

① 祝士明，陈静潇. 虚拟现实学习环境的作用、挑战以及应对策略. 现代教育技术，2019（2）：39-45.

② 周榕，李世瑾. 虚拟现实技术能提高学习成效吗？——基于 46 个有效样本的实验与准实验元分析. 现代教育技术，2019（11）：46-52.

③ 李宝敏，王钰彪，任友群. 虚拟现实教学对学生学习成绩的影响研究：基于 40 项实验和准实验的元分析. 开放教育研究，2019（4）：82-90.

手，探讨启迪智慧作为教育目的的呈现及实践。

（一）多维视野下的智慧

“智慧是人类文明精华的产物，智慧的行为往往能够利于人们找准自我定位，修正人生方向，提升生活品质，消弭人际冲突，增进社会和谐。”[①]也正因如此，人类在很早的时候就开启了对智慧的探索，产生了非常丰富的成果。这些成果一方面丰富和深化了人们对于智慧的认识，另一方面为智慧教育的开展提供了前提。为了更好地理解和把握智慧，这里简要地从哲学、心理学和教育学三个学科中关于智慧的探讨进行梳理。

哲学对智慧的探讨主要表现在对智慧进行一种深层次的追根溯源式的思考上，以期能够回答智慧到底是什么这一本体性的问题。由于智慧的复杂性，因此研究者在探讨的时候为更好地理解和把握智慧，往往将其与知识放在一起，从知识这一视角进行把握。这一方式虽然为理解智慧找到了一个支点，但也很容易陷入前述已有研究所指出的那样，即很容易导致滑向知识，忘记探询智慧的初心。

心理学作为从哲学中分离出来的学科，对智慧的探讨一方面继续秉承知识的视角，注重知识的获得；另一方面，又在此基础上从能力方面着手，试图摆脱仅将其限于知识层面的束缚。客观说来，知识与能力之间既有联系，又有区别。从联系方面来看，固然有心理学特定的视角，即重在对知识习得过程的分析，但是却难以与哲学层面的探讨完全分开。从区别方面来看，能力的形成和发展受多方面因素的影响。作为其中的重要因素之一，知识对能力的提高既起着非常重要的作用，但也有其自身的独特性。两者其实还涉及对智慧在认识上的转变，即虽然智慧建立在知识之上，但也是一种能力的反映或表征。当然，对于心理学而言，指出知识与能力间的区别固然重要，但更为重要的是如何将知识转化为能力，进而转化为智慧。

教育学作为探讨教育规律的科学，虽然同哲学、心理学一样不能忽视知

① 吕卫华，邵龙宝. 中西文化中的智慧意涵：演变历程与价值意蕴. 大连理工大学学报（社会科学版），2011（1）：110-114.

识、能力等在其中所起的作用，但它更侧重于在实践层面上将对知识、能力等方面的认识最大限度地应用于实践。虽然哲学已经从知识层面上对智慧进行了把握，心理学从知识与能力分野的角度说明了智慧形成的独特性，但这些认识最终都要在教育实践中，并只有通过教育实践才有可能转化成为现实。可以说，哲学对智慧本源的探讨，以及心理学对知识与能力的区分固然重要，但如果没有教育学的实践转化的探讨，那么智慧则只能停留在口头或书面上，不仅难以转化为真正能够指导个体行为的准则，也难以推广开来，为更多人所掌握和运用。从某种意义上来说，教育学中围绕教学方法、教学内容及教学组织形式等方面的变革其实都与对智慧的理解和认识密切相关。关于这些方面，将在后文进行专门探讨，这里不再展开。

总之，哲学作为对智慧的本体性追问是对智慧进行了高屋建瓴式的把握，而心理学和教育学分别对其基础和实践进行了探讨。三者虽然有所区分，但在“涵养人的智慧”这一最终指向上并无区别。

（二）智慧被列为教育的目的之一

涵养人的智慧有多种方式。将智慧明确列为教育目的的重要组成部分，通过专门的教育活动进行培养即是其中的重要方式之一。

由于智慧的重要性，一些思想家兼教育家纷纷将智慧列为教育目的之一，甚至在有些思想家那里还将其排在了整个教育目的中的首位。这在前面的分析中已经涉及，故不再赘述。

需要说明的是，除了这种直接将智慧列为教育目的的做法外，还有一种做法虽然从表面上看来好像是截然相反、完全对立的，但事实上却异曲同工，是从作为相反而又不可分割的两极的对立面来把握的。质言之，就是通过大力呼吁重视智慧，以免陷入某种误区。前文提到的维娜·艾莉、杜威等的呼吁可以说就是其中的代表。客观而言，智慧的确不易把握，不仅容易产生含混不清的理解，而且也很容易使人放松警惕，忽略智慧，甚至还可能“忘本”，忘却追寻智慧的初心。究其实质，这些主张不仅再次重申了教育的智慧属性，而且告诫人们要时刻牢记教育的智慧属性。其实，除了这些呼吁外，心理学对于知识、能力和智慧之间关系的分析也在间接地、以相对温和的方式表明，智慧作为教育目的的重要性。因此，这些主张虽然从表面上来看似乎与将智慧列为教育目的的主张是对立的，但其实在最为根本的层面上可以说是完全一致的，即都是将智慧作为教育的目的之一。这在上文的分析中已经探讨过，故这里只是再简要地重申一下，不再详细展开。

（三）提供促成智慧达成的手段

无论是对智慧还是对智慧教育，厘清智慧固然重要，但更为重要的则是将其付诸实践，用切实有效的方式来达成智慧。从教育的历史，尤其是基于广义层面上的智慧教育来看，已经探讨和实践了多种智慧达成方式。由于这些方式多种多样，可以按照不同的维度来加以把握，因此这里以教育自身为出发点，从教育自身的内部与外部两个方面分别进行探讨。在从这两个方面展开分析之前需要说明的是，这里所说的教育内部与外部只是相对而言的，并不能截然分割开来。

1. 教育内部的实践

所谓教育的内部，主要是指与教育活动密切相关的一些方面，如教学组织形式、课程的开发与设计、教学方法的探索等方面。这些方面虽然也会受到一些外部因素的影响，但从总体上来说还主要是在教育内部发生和运行，所以我们将之视为从教育活动的内部为促成智慧达成而做出的努力。下面就以上述所提及的三个方面进行简要分析。

第一，改进和完善教学组织形式。教学组织形式不仅走过了从个别教学向班级授课制的转变历程，而且根据实际情况进行了不断的调整和优化。这些转变、调整及优化从表面上来看是教学组织形式的变革，其实也在深层次与智慧的达成密切相关，人们总是希望通过教学组织形式的变革来扩大教育对象，使更多人能够拥有智慧，进而推动全体社会成员在智慧上的提升。

第二，规范课程的开发与开设。课程作为促进个体成长和发展的非常重要的教育性经验载体，在智慧达成方面具有非常重要而独特的地位。从表面上来看，课程的开发方式与开设情况的不断调整似乎只是在调整课程，但事实上，这些调整的背后其实都带有智慧的痕迹，都是在一定程度上为了更好地达成智慧而做出的改变。无论是课程类型的改变还是课程结构的改变，以及课程目标的调整等，都与教育对象的智慧的开发息息相关。

第三，不断探索和改进教学方法。“教学方法，是在教学过程中，教师和学生为实现教学目的、完成教学任务而采取教与学相互作用的活动方式的总称。”①客观说来，每种教学方法都有其优点，也有其不足。而且，这一评判也同样适用于智慧达成。也就是说，每种教学方法在智慧达成方面也各有自己的优点与不足。比如，讲授法可以扩大教育对象，能够在更为广泛的层面上扩大群体的智慧，但却存在着针对性不强、个体差异关注不够等弊端。而讨论法则通过一些具体的、有针对性的问题的交流讨论，可以准确把握个别差异，有助于特定个体智慧的提升，但却存在着效率低下等不足。也正因如此，为了更好地促进智慧达成，人们还在此基础上探讨了一些新型的教学方法，如发现教学法、范例教学法、情境教学法、案例教学法等。②尽管这些教学方法名称各异、形态不一，但在目的上却是相同的，即通过探索和改进教学方法，希望能够最大限度地促进智慧的达成。

2. 教育外部的改进

为了更好地实现智慧的达成，除了从教育内部方面着手外，人们还从教育外部，如教育环境的创设、教育手段的改进等方面着手落实。由于这些方面已经在上文进行了阐释，故这里不再重复。

当然，教育外部的改进方式也会随着时代的变化而变化。目前，已经在某些学校开展的校外劳动教育、研学旅行等活动方式由于可以促使学生走出学校，所以在某种程度上也可以被视为从教育外部所做的改进。这些改进举措既是健全教育体系、实现五育融合的重要途径，同时也肩负着更好地达成智慧的重任。这里就以中小学生研学旅行为例来进行简要说明。《教育部等

---

① 李秉德. 教学论. 北京：人民教育出版社，1991：193.

② 虽然这些新型教学方法被称为教学方法，但有些其实已经超出了具体的教学方法的范畴，上升到了教学方法论层面。

11 部门关于推进中小学生研学旅行的意见》指出，“中小学生研学旅行是由教育部门和学校有计划地组织安排，通过集体旅行、集中食宿方式开展的研究性学习和旅行体验相结合的校外教育活动，是学校教育和校外教育衔接的创新形式，是教育教学的重要内容，是综合实践育人的有效途径”。由此可以看出，研学旅行有两个关键。一是旅行，即必须到校外，甚至到外地；否则旅行也就无从谈起。由于离开学校，甚至离开本地，不仅有可能会给学生带来身心上的愉悦，而且给他们带来不一样的认识和体验。二是研学，即这不是一种纯粹的旅行，而是在旅行中的学习，要有研究，“‘研’出什么，是研学旅行首先需要思考的现实问题”①。因此，对于研学旅行而言，旅行固然很有教育意义，但研学的教育意义更大，也更为重要，可以使学生在旅行的过程中能够有所收获，开启智慧。也正因如此，研学旅行可以说是我国古代倡导的“读万卷书，行万里路”的当代表达和实践。

教育目的作为对教育培养人在质量规格上的要求，不仅本身就包含有智慧，而且在实践中不断地培养智慧，提升智慧教育的水平。

三、智慧教育的实践运思

对于智慧教育而言，不仅要将智慧的教育环境的涵养和智慧的教育目的的启迪两者有机结合，即双智互促，而且还要在此基础上对其实践运行进行相应的思考。智慧教育的实践运行主要有以下四种不同的方式。

（一）双基交互式

在这种方式中，有两个关键点，即双基座与交互式。从某种意义上来说，双基座是智慧教育的实质要件，交互式是智慧教育的运行要件。下面就通过对这两类要件的阐释来说明其运行模式。

1. 双基座

双基座，即智慧的教育环境与智慧的教育目的，二者共同构成了智慧教

① 杨颖秀. 研学旅行重在“研”出什么. 人民论坛，2019（34）：106-107.

育的核心。如上所述，一方面，智慧教育离不开智慧的教育环境，另一方面也离不开智慧的教育目的。前者为智慧教育提供了必要的条件，是对智慧教育实践的涵养，后者则确保了智慧教育的实践方向，是对智慧教育航向的锚定。两者与智慧教育的关系，如图 3-2 所示。

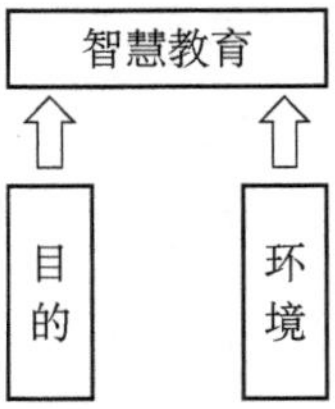

图 3-2 智慧教育的双基座

从双基座的角度来看，智慧的教育环境与智慧的教育目的作为智慧教育的两个基座，意味着二者都不可或缺，即缺少了任何一方，不仅会影响到对智慧教育的准确认识和把握，还有可能会使智慧教育实践受到干扰，甚至有可能陷入到某种误区之中。也正因如此，智慧的教育环境与智慧的教育目的共同构成了智慧教育的基座和支撑。

2. 交互式

双基座表明智慧的教育环境与智慧的教育目的都是智慧教育的重要组成部分，二者虽然既不可偏废，也不可或缺，但还没有表明二者深层次的关系。在上述双基座中尽管体现了一定程度的交互性，即智慧教育分别与教育环境、教育目的之间的交互，但这也只是二者共同指向智慧教育，既没有涉及智慧教育对二者各自的反馈，也没有涉及两者相互之间的交互。也就是说，虽然二者作为智慧教育的基座，共同指向智慧教育，但智慧教育也会反作用于各个相关方面。更为重要的是，作为智慧教育的双基座，二者不仅共同致力于智慧教育，受到智慧教育的制约，而且二者相互之间也还具有交互性，它们是相互影响、相辅相成的。为此，这里进一步以示意图的方式呈现三方之间的交互情况（图 3-3）。由于智慧教育与二者之间的交互性已经一定程度上在图 3-2 中呈现，所以这里只是在其基础上做进一步延伸，以展现智慧的教育环境与智慧的教育目的之间的交互性。

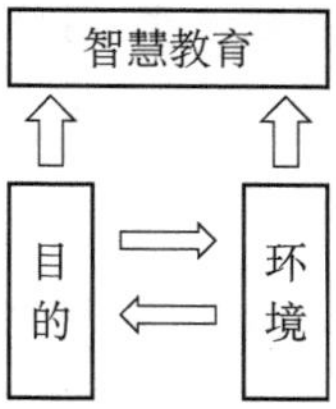

图 3-3　智慧教育双基座之间的交互

从交互性的含义来看，只要参与的双方或多方之间发生了交互，即可认为具有了交互性。而从交互的实际情况来看，各个交互方之间还会存在着强弱关系、大小关系，甚至交互方式也各异等。图 3-1—图 3-3 只是简要地呈现了智慧的教育环境与智慧的教育目的二者间的交互情况，并没有反映出相互之间的强弱、大小等关系。对于这些情况，还需要在交互性的基础上做进一步分析。为此，本书接下来将分别从大环境式与大目的式两种情况来进行探讨。

（二）大环境式

首先需要说明的是，无论是这里所说的大环境式，还是接下来要探讨的大目的式中的“大”，都有指向与影响两个方面的含义：在指向方面，从指向方向出发，将指向的发出者视为大，指向的接收者视为小。当然，此时的“大”只是为了说明指向上的关系，是相对而言的，并不涉及实际的影响效果。实际的影响效果取决于另一方面，即影响方面。在影响方面，从实际影响出发，根据相互之间影响的实际情况将上述指向方向具体地表征出来。这也就意味着，既然有影响“大”的一方，也就有影响“小”的一方。前者在上文已经做过阐释，故这里不再展开。下面将着重对后者，即实际的影响进行分析。

在对后者的分析中，既可从环境出发，也可从目的出发。这里先从环境出发，对大环境式下的智慧教育进行探讨。

对于大环境式下环境对智慧教育的影响，可以通过两种方式来进行分析。一种方式是在上述交互式的基础上，通过加大交互方之间的线条的粗细、长短程度等来进行。线条的粗、长则意味着影响大；反之，则意味着小。对于这种方式，也可以结合图 3-3，对其线条进行适当的变化来加以理解，所以这里也不再展开。

在对上述关系进行思考的基础上，本书根据影响程度对其中的相关方面进行重构，以便将其中的程度关系，也即影响关系更为直观地呈现出来（图 3-4）。

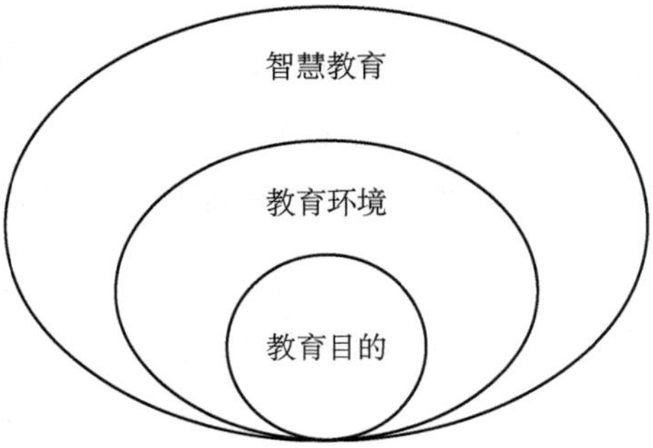

图 3-4 大环境式下的智慧教育

教育环境对于教育目的的影响可从多个维度来进行把握。第一，教育环境不仅会影响教育目的的达成，甚至还可能在一定程度上制约教育目的的确定。这也就意味着，教育环境对教育目的在总体上起到了非常重要的支撑作用。第二，教育环境对教育目的的支撑作用又体现为不同的形式：从作用方式来看，既有直接影响，也有间接影响；从作用性质来看，有积极影响，也有消极影响；从作用结果来看，有些是有效的，有些则是无效的。第三，上述情形还只是从宏观上在两个极性上的把握。事实上，在两个极性之间还会存在着程度上的差异。就是说，尽管可以把教育环境对教育目的的影响方式简单地概括为上述两两对立的方式，但两极之间实际上存在着多种不同的情况。更为重要的是，这些不同的情况并不是固定的，而是会不断变化和调整的。

（三）大目的式

与大环境式中环境对目的的支撑相反，大目的式智慧教育从教育目的出发，对教育环境所提供的支撑分别做出不同的应对方式（图 3-5）。

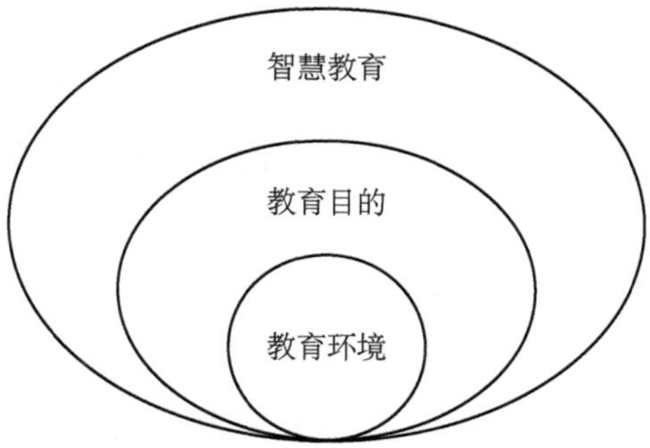

图 3-5　大目的式智慧教育

具体说来，这些应对方式主要有以下三种情形。

第一种是直接使用。这种应对方式主要是针对前述中那些直接的、能够起到积极和有效作用的教育环境而言的。由于这些教育环境通过直接使用就可以满足教育目的的需要，因而可以采取“拿来主义”的方式，通过直接使用来服务于教育目的。由于是直接使用，没有加以改变，从严格意义上来说，这种应对方式与上述大环境式下教育环境对教育目的影响的表现相一致。只不过，这里基于大目的式对两者间的关系进行了重申。

第二种是转化使用。从教育目的的角度来看，除了可以直接使用的教育环境外，客观上也还存在着一些不能直接使用的情况。针对这些不能直接使用的教育环境，又有两类不同的应对方式。这里所说的转化使用即是其中之一。这种应对方式主要是针对那些虽然具有非常大的教育价值，但又不能直接利用，而是需要通过适当的转化才能取得较好教育效果的教育环境。对于这类教育环境，只有通过转化才能发挥出其应有的价值，满足教育目的的需要。

第三种是改造环境。为了更好地达成教育目的，有些时候还会在上述两种情况的基础上对教育环境加以改造。一方面是为更加充分地发挥教育环境的作用，使其价值效应更大；另一方面，也不排除存在某些困难，教育环境难以直接使用和转化使用，因此无法达成教育目的。所有这些，都意味着还需要通过一定的方式和手段来对教育环境加以改造，从而营造出更加适合于教育目的需要的教育环境。当然，这些改造有些相对简单一些，只需要在局部层面进行适当的改造即可，也有些则相对复杂一些，需要做出较大的调整。当然，无论是局部改造还是较大的调整，都意味着不再是直接使用或是转化使用，而是需要付出更多的努力，才能使教育环境更好地服务于教育目的的顺利达成。

（四）综合式

所谓综合式，既不是单纯的大环境式，也不是单纯的大目的式，而是在双基交互式的前提下，对大环境式与大目的式进行有机结合。这一结合不仅反映了大环境式与大目的式各自的特性，而且还将二者更加有机地整合在了一起（图 3-6）。

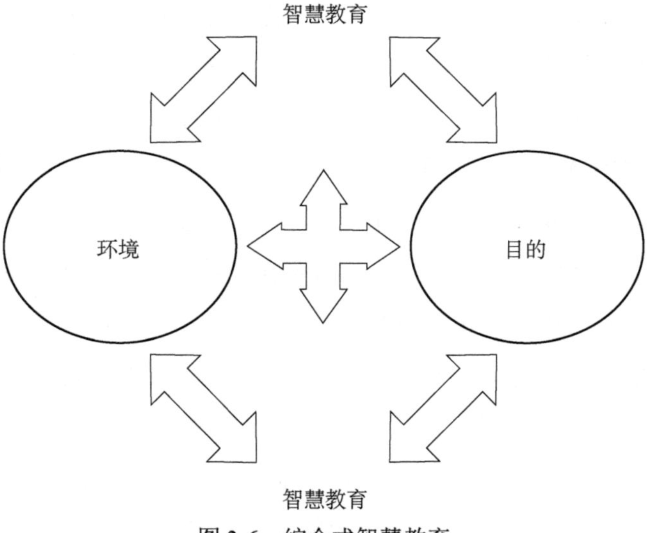

图 3-6　综合式智慧教育

从广义层面上来看，双智互促下的智慧教育既离不开智慧的教育环境，也离不开智慧的教育目的，是二者支持的结果。同时，智慧的教育环境与智慧的教育目的还具有复杂的交互关系，并在相互制约和促进中推动智慧教育向着更高水平迈进。

第三节　智慧教育的未来走向

无论是基于当前智慧教育所处的时代机遇，还是双智互促视角下对智慧教育的再思考，我们都会发现这样一个不争的事实，即不仅智慧教育在未来将持续向前推进，而且会对教育发展提出新的要求。这些新的要求既基于当前的智慧教育，又超越当前的智慧教育。这也就意味着，智慧教育的未来走向不仅影响未来的智慧教育的发展，而且会左右未来教育的走向。因此，对于智慧教育而言，不仅要全面梳理智慧教育的演进历程，科学把握其当代认识，还要在此基础上准确洞悉其未来走向。

对于智慧教育的未来走向，虽然可以从多个不同的维度分别来进行把握，但由于本书是基于整个教育的智慧属性来定义智慧教育的，所以对其未来走向的把握也只能从较为宏观的层面进行尝试性探索。具体说来，就是主要从智慧教育自身的未来走向及其部分构成要素在未来的变化两大方面来入手。

一、更高水平的双智互促

根据上文可知，智慧教育其实就是智慧的教育环境与智慧的教育目的二者间的有机统一。这种有机统一关系不仅适用于此前及当代的智慧教育，也同样适用并会引领未来的智慧教育。从整个教育的历史来看，智慧的教育环境有助于智慧的教育目的的实现，而智慧的教育目的又会对智慧的教育环境提出相关要求。二者相互依赖、相互促进，不仅推动了双方各自的发展，而且实现了智慧教育的整体跃迁。这一发展历程及其趋势不仅未来依然存在，而且还会以更高的水平呈现出来。因此，下面就从二者间的交互性影响及其跃迁来把握智慧教育的未来走向。

（一）高水平的智慧的教育环境对教育的影响

从整个教育发展历史来看，高水平的智慧教育环境会对教育或者说智慧教育产生重要影响，其关键就在于更高水平的智慧教育环境的建设。更高水平的智慧的教育环境的建设，既取决于科学技术的进步，也取决于这些科学技术在教育中的应用情况。前者决定了智慧的教育环境的发展空间，决定其能在哪些方面得到发展，后者则左右了智慧的教育环境的发展水平。这种态势在未来的教育（或者说智慧教育）中依然存在。联合国教科文组织在《学会生存：教育世界的今天和明天》中就非常明确地指出，“科学与技术从未像现在这样突出地显示出它们的威力和潜在力。在这个‘20 世纪的后半期’，知识正以惊人的速度向前跃进。变化正在无限地加速，正像人类的知识和科学工作者的人数迅速增加一样（整个人类历史上 90%以上的科学家与发明家都生活在我们这个时代），与此同时，研究与革新也正在制度化。同样值得注意的是，科学发现与大规模地应用这种发现之间的时间间距也正在逐渐缩短。人们把照相术原理付诸实践花了 112 年的时间。而太阳电池从发现到生产只相隔两年……从 14 世纪末到 20 世纪中叶 11 种伟大的发现，从发现到应用时间间距越来越小了”①。其中，“从发现到应用时间间距越来越小”意味着，科学技术向实践应用转化的速度越来越快。

虽然上述趋势是在宏观层面上对整个科学技术向实践应用转化的描述，但这一描述也同样适用于一些科学技术在教育中的实践应用。这里仅以电影在教育中的应用为例来进行说明。人们对于电影的发展史，尤其是其早期的发展历史存在不同认识②：有些非常简单地将其划分为三个阶段，即无声电影（1895—1930 年）、有声电影的开端（1930—1945 年）和当前时代（1945—1962 年）；有些则将其划分为更为详细的六个时期，即电影的发明（1832—1895 年）、先驱者时期（1895—1908 年），电影成为一种艺术（1908—1918 年）、无声艺术（1918—1930 年）、有声电影的开端（1928—

① 联合国教科文组织国际教育发展委员会. 学会生存：教育世界的今天和明天. 华东师范大学比较教育所译. 北京：教育科学出版社，1996：117-118.

② 乔治·萨杜尔. 世界电影史. 徐昭，胡承伟译. 北京：中国电影出版社，1982：前言 32.

1945年）及当前时代。这两种不同的划分方式，不仅划分阶段数量存在明显差异，而且其差异的表现还比较突出，主要集中在对电影在最初阶段的处理方式不同：前者只是简略地概括为一个阶段，而后者将这一阶段细分为多个不同的阶段。囿于专业领域上的限制，对于两种划分的方式哪个更妥当，本书难以做出相对恰当的评判。这里只是以两者所呈现出来的一个“共识”说明科学技术被应用于教育实践的速度非常快。此处提到的一个“共识”就是两种划分对从无声电影转向有声电影的时间节点大体相同，都是在20世纪30年代前后。这一“共识”的发生不仅值得电影发展史研究者进行深入探讨，还为科学技术迅速应用到教育实践领域提供了探讨的空间。就在上述划分“共识”的同一时期，有研究者围绕有声电影对中学生社会态度的影响开展了一系列的教育实验。整个系列实验的步骤大体如下：在实验开始前先对学生的社会态度进行了测量，然后让学生观看一部电影，之后在观看后的次日及此后1个月、5个月和6个月等不同的时间里进行重测，结果发现电影对学生的影响随着重测间隔时间的延长而有所降低，但电影依然会对学生的社会态度产生比较显著的效果：“电影在儿童态度上所生的效力，能够维持到很长的时间。除了巴可斯东试验以外，每个例证中所表现的持久力的测量都指示着说，为一种影响所惹起的态度上的变化是很持久的。”[①]在这项研究中，一方面，电影只是整个实验中的一个变量，另一方面也是有声电影这一当时较为先进的科学技术在教育中进行应用的大胆尝试。这一尝试不仅是科学技术在教育领域进行实践应用的生动鲜活案例，而且由于其发明到应用二者间的间隔周期非常短，几乎完全同步，所以也进一步证明了当时以电影这一教学手段为代表的高水平的智慧教育环境对教育的影响。

（二）高水平智慧教育目的对教育的影响

教育目的既是整个教育的重要组成部分，同时也是双智互促中的重要方面之一。未来的智慧教育也必须高度重视教育目的的引领作用。

客观说来，在智能化社会中，社会对受教育者的质量规格，也就是人才

---

① 李秉德. 电影在中学学生的社会态度上所产生的效果. 教育改造，1937（3）：81-92.

培养目标也会发生改变。对于这一点，这里仅以我国对于受教育者质量规格的变迁为例来进行说明。从总体上来看，中华人民共和国成立以来，我国对受教育者的质量规格，也即教育目的在总体上的表述的变化并不大，都是以培养德智体美等方面全面发展的社会主义事业的建设者和接班人作为旨归。随着社会的发展，由于人们认识的深入，对于受教育者的具体质量规格也还是几经变化和调整。对此，这里仅以 20 世纪 80 年代初期以来具体执行和落实教育目的的基础教育课程目标方面的演变为例来进行简要的分析。

回顾我国基础教育课程目标的发展历史，我们可以看出，40 年来，我国基础教育课程目标一方面一直遵循教育目标的总体要求，另一方面也在教育目标总体要求未变的前提下不断地进行调整。首先是在 20 世纪 80 年代初期，随着我国拨乱反正任务的完成，人们对教育重要性的认识也得到了提升，逐渐确立了以“双基”为核心支撑的课程目标体系。所谓“双基”，即基础知识和基本技能的简称。尽管从世界范围内来看，“双基”主张早已有之，但从我国的发展来看，则是于 20 世纪 50 年代初开始萌芽，70 年代成熟，80 年代有了进一步发展的。这一历程“与我国的社会变迁，特别是与中国教育事业发展的起伏紧密联系在一起的”①。在 21 世纪初，伴随着新一轮基础教育课程改革的开启，我国基础教育课程目标体系转向了“三维目标”。《基础教育课程改革纲要（试行）》明确指出，“国家课程标准……应体现国家对不同阶段的学生在知识与技能、过程与方法、情感态度与价值等方面的基本要求”。最近 10 年来，随着我国基础教育课程改革的深入推进，课程目标体系进一步聚焦于“核心素养”。在《教育部关于全面深化课程改革落实立德树人根本任务的意见》中明确地把核心素养的内涵界定为“学生应具备的适应终身发展和社会发展需要的必备品格和关键能力”。

鉴于课程是教育的“心脏”这一定位，所以其目标的变迁也可以在一定程度上理解为具体的教育质量规格体系的变迁。在从“双基”到“三维目

---

① 汪潮水，吴奋奋.“双基论”的回顾与反思. 中国教育学刊，1996（1）：25-29.

标”，然后再到“核心素养”这一课程目标架构变迁的过程中，包括课程目标在内的教育目的的具体质量规格也会在一定层面上发生变化。一方面，这些变化确实使教育目的中的某些方面，甚至某些方面中的部分要求发生改变；另一方面，这些变化相对于整个教育目的而言最多只是在一些中观层面上的变化，并未在更为根本的宏观层面上改变教育目的关于培养人的质量规格的总体要求，仍然以培养德智体美劳等方面全面发展的社会主义事业的建设者和接班人为根本追求。因此，从总体情况来看，我国的教育目的呈现既未变亦有变的发展态势。客观说来，这一态势既取决于教育目的的政治属性，“培养什么人”决定着对人才培养质量规格中的一些基本方面是不会发生大的改变的，也取决于教育目的的社会属性，在不同时期随着社会发展的需要进行相应的变化、调整。对于未来的智慧教育，尤其是我国的智慧教育来说更是如此。

总体来看，未来社会将逐渐向智能化社会迈进，不仅将为人才培养提供更好的发展环境，而且将对人才质量规格的一些方面提出新的要求。前者主要表现为教育中可以利用的智能化手段将越来越多，将为教育活动的开展提供更好的支撑。后者则意味着教育中的一些内容也将发生改变。这些改变既有随之而来的一些新增的发现、发明等加入内容体系，也有一些过时的或错误的内容将被删除或纠正。除了上述两种情况外，更为常见的变化可能是一些内容的重要程度发生改变，有些内容的重要性将进一步增强，有些内容的重要性则可能降低。除此之外，还有些内容尽管其自身的地位并没有发生太大的改变，但却可能在一定程度上降低学生掌握知识的难度，进而改变甚至重塑整个智慧教育。

总而言之，未来的智慧教育将在双智互促的基础上，实现高水平发展。

二、重构教育的相关范畴

无论是基于双智互促的历史与现实，还是未来向更高水平的智慧教育迈进，都意味着要对教育中的各种相关范畴进行重构。这些相关范畴所涉及的内容非常广泛，几乎涵盖教育活动中的所有因素。虽然本书已经对教育环境、教育目的在更高水平的双智互促进行了分析，但依然有很多因素没有涉及。囿于篇幅限制，对于没有涉及的因素也不大可能逐一进行分析，这里根据这些因素在教育活动中的重要程度和本书的研究主题，选择课程、教学和师生关系三个方面进行简要探讨。

（一）提供更加智能化的课程

在教育活动中，课程由于居于重要的地位而被誉为教育的“心脏”。这也是选择课程进行分析的重要原因之一。从历史上来看，自从人类社会有了教育，也就有了课程。而且，随着社会的进步和教育的发展，课程也在不断变化。未来随着更加智能化社会的到来，课程这一教育的“心脏”也必然做出一些相应的调整。对于这些调整，虽然可以从不同的维度进行把握，但从总体上来说，主要是朝向更加智能化的方向发展。尽管目前对于未来的课程的智能化程度还难以做出非常准确的判断，但学科关系的重塑及内容的重构必将是其调整的重要支撑。所以，这里仅以其中的内容重构为例来进行说明。根据一般的课程设计模式，课程内容设置遵循连续性、顺序性和整合性的原则①。由于连续性是指直线式地重申主要的课程要素，以便学生能在一段时间里连续地进行相同的操作，从而能够熟练地掌握技能，所以连续性实际上也可以理解为重复性。顺序性与连续性有关，但又超越了连续性，强调后继内容以先前内容为基础，其中的有关内容会更加深入、广泛，同时学生能够在更深层次以更高水平来更全面地处理后继内容。整合性是指加强各种课程内容之间的横向联系，以便于学生能够逐渐将知识建立为有机、统一的体系，对知识有更为全面、系统的认知。

上述课程内容设置的三项原则不仅适用于一般课程设计，还适用于智能化课程设计。当然，在智能化课程设计中，这些原则的实际操作或应用由于相关智能因素的参与而会发生一些相应的改变。同样是连续性，在一般课程设计中，对其内容的连续性要达到何种程度等问题很难做出明确的判断；但

---

① 拉尔夫·泰勒. 课程与教学的基本原理. 施良方译. 北京：人民教育出版社，1994：67.

在智能化课程设计中，其连续性更具针对性，能够在确保起到巩固作用的同时不至于过分地浪费时间和精力，避免做无用功，进而大幅提高学习的效率和效益。同样是顺序性，在一般课程设计中，主要是指以一种相对固定的甚至有些时候可能是以唯一的既定顺序展开的，并没有提供其他可以代替的选择路径。在智能化课程设计中，由于所有内容都是以一种更为灵活、多元的顺序而不是唯一的顺序展开的，其顺序性也就变成了更加多样的顺序。同样是整合性，在一般课程设计中主要是作为一种课程设计理念，强调不同内容之间的有机衔接，并一定程度上在课程设计实践中得到实现，但却难以做到精准化，也难以做到因人而异。在智能化课程设计中，这一理念变成了一种实实在在的、能够在实践中得以执行和落实的课程活动，不仅能够做到更为精准，而且能够做到因人而异。上述三个方面的改变既是未来更高水平智慧教育的必然要求，也是课程越来越智能化的保障。

（二）探索更加智能化的教学

对未来的教育重构来说，不仅涉及课程，而且涉及教学。当然，这里之所以选择教学来进行分析，与上述选择课程进行分析的原因类似，也是缘于其在教育活动中的重要性。“从学校全部工作的比重看，教学工作所占的时间最多、涉及的知识面最广，对学生发展的影响最全面，对学校教育质量的影响最大。”[①]简言之，教学一直都被看作整个学校活动的重要组成部分，是学校的中心工作。当然，选择教学来进行分析，除了缘于教学活动的重要性外，也还缘于课程与教学的密切关系。从某种意义上来说，课程必须付诸实践，才能真正发挥其作为教育的“心脏”的作用。对于课程付诸实践，除了课程话语体系中使用“课程实施”这一术语来进行表征外，在教学研究领域中还可以使用“教学”一词来表征。其实除了上述两个方面的原因外，更为重要的是随着智能化社会的到来，未来的教学同样需要做出相应的改变，需要教育者不断地去尝试和探索更加智能化的教学方式。

对于教学而言，它是由教学主体、教学目标、教学过程、教学组织方

① 南京师范大学《教育学》编写组. 教育学. 北京：人民教育出版社，1984：372.

式、教学方法应用等多个方面组成的非常复杂的系统。在这个系统中，有些内容（如教学方法等）在上文已经涉及，也有些内容（如教学主体）将会在后续的内容中做进一步的说明。对于这些已经说明过或即将进行探讨的内容这里就不再展开分析，而把重心放在其他未曾涉及的部分或者只是简单提及的部分进行探讨。基于这一认识，这里就以教学组织形式在未来更加智能化教学中的变革及走向为例，探讨未来的智能教育的走向。

“教学组织形式是指为完成特定的教学任务教师和学生按一定要求组合起来进行活动的结构。教学组织形式不是固定不变的东西。随着社会政治经济和科学文化的发展及其对培养人才要求的不断提高，教学组织形式也不断发展和改进。”①在教学组织形式的发展和改进过程中，较为经典的当属班级授课制对个别教学的取代。这一取代虽然适应了社会发展的需要，反映了教育研究的最新进展，但也存在诸如教学的针对性不强等问题。也正因如此，在班级授课制确立了一段时间后，先后出现了诸如文纳特卡制、分组教学、协同教学、小班化教学、走班教学（教学班制度）等一系列教学组织形式。需要说明的是，除了这里所罗列的一些教学组织形式外，还有其他很多影响比较大的教学组织形式。之所以选择上述这些而没有选择其他的，一方面是因为这些教学组织形式都意在弥补和完善班级授课制的不足，使提高教学效率和关注个别差异有机地统一起来；另一方面是因为可以从双智互促的视角把它们理解为对更加智能化的教学组织形式进行的尝试和探索。当然，囿于条件的限制，这些尝试和探索中，有些教学组织形式的智能化程度并不够高，甚至有些还可能存在不够智能的情况。随着人工智能的迅猛发展和智能社会的加速到来，这些智能化程度不够高，甚至不够智能的方面将会明显地得到改善。尤其是近些年来，随着信息技术在教育中应用的普及，教学组织形式再度发生了一些非常明显的改变，如出现了翻转课堂、混合式教学、对分课堂等一些新型教学组织形式样态。虽然这些新型教学组织形式的称谓各不相同，具体的组织方式也有差别，但却都是信息技术手段在教育实践中应

① 王道俊，王汉澜. 教育学. 新编本. 北京：人民教育出版社，1989：264.

用日渐普及和深化过程中出现的，并还在不断地利用信息技术手段进行相应的完善和拓展。更为重要的是，这不仅使教学组织形式更加趋向智能化，而且在推动教学向更加智能化的方向迈进。

（三）构建新型师生关系样态

无论是在教学活动中，还是在更为广泛的教育活动中，师生关系都在其中占有重要地位。对此，不仅有很多研究者进行了相应的分析，也有很多事实还从实践层面进行了证明。对于前者，有研究在法国思想家列斐伏尔的空间生产这一重要概念的基础上，将学校空间划分为固定空间、半固定空间和不定空间，认为半固定空间作为学校空间的结构配置，是对以物质或文化形态出现的物品或符号按照教育所需要进行的各种调整和变动，包括对各种可移换空间的调配和命名，对各种行政用品、教学用品、学校生活用品的添置更新和移换，"是学校中人与物相互作用最丰富的场所"[①]。对于后者，如在韩国被称为"学习大王"的朴哲范在其创立的学习方法中，就将"改变对待老师的态度"作为学习秘籍之一[②]，他以亲身经历证实了师生关系对学生成长和发展的重要性。需要说明的是，尽管朴哲范是从其作为学生的视角出发的，要求学生转变对待老师的态度，但由于涉及教师方面，其实也就涉及师生关系的问题。而且，这对从教师方面改进师生关系同样具有重要的启示作用。事实上，除了上述两个例子外，还有大量有关师生关系重要性的分析及事实都表明了师生关系的重要性。囿于篇幅原因，这里不再一一列举。

需要说明的是，这些对于师生关系重要性的分析及事实不仅适用于过去的教学和教育活动，也同样适用于当前及未来的教学及教育活动。而且，未来由于教育环境和教育目的的改变，社会发展不仅将对师生关系的重要性提出更高的要求，还将对师生关系的形态提出更高的要求。这些要求既是本书

① 苏尚锋. 论学校空间的构成及其生产. 教育研究，2012（2）：29-34.

② 朴哲范. 一日学习法：韩国学习大王朴哲范的奇效学习法. 鲁可译. 桂林：漓江出版社，2010：22.

研究的出发点，也是本书研究的重点，接下来将在前述思考的基础上，着重对智慧教育下师生关系在形态上的变迁及其建设进行探讨。当然，也正因如此，这里对新型师生关系样态的构建只是简要提及，更为具体深入的分析将在后面的相关内容中展开。

第四章

智慧教育中师生关系的重构

前面智慧教育重构教育的相关范畴中已经对师生关系方面重构的必要性及可能性进行了简要说明。本章对未来的智慧教育下的师生关系从新样态、新特征及教师角色要求三个方面进行探讨。需要说明的是，这里所说的智慧教育虽然既包括基于过往及当下的智慧教育，也指向未来的智慧教育，但着重以指向未来的智慧教育为主。这样的智慧教育既以过往和当下智慧教育为基础，也是前述更高水平双智互促后的智慧教育的样态。本章就是基于这一智慧教育语境对其中的师生关系展开探讨的。

第一节　智慧教育中师生关系的释义

在相当长的历史时期，师生关系是指在教师和学生之间发生的关系，而且几乎所有相关研究都是基于这一前提展开的。虽然这些研究对当时的师生关系的认识和建设都发挥了非常重要的作用，但也存在着难以应对智慧教育中师生关系呈现出的新变化和新挑战的问题。由于科学技术的快速发展，一些机器人教师开始加入教育活动，介入师生关系。师生关系由此前的人类教师和学生二者之间的双主体关系，转化为由人类教师、机器人教师和学生三者共同结成的三主体关系。因此，在当前及今后新的智慧教育阶段，师生关系一方面仍然还有人际关系，另一方面也不再像原来那样只有人际关系，即既有人际维度的关系，又有在新的主体维度形成的关系。这也就意味着，对智慧教育下的师生关系的把握应该从人际与主体两个既密切相关又有区别的维度展开。

一、人际维度的师生关系

师生关系是教师和学生之间结成的一种特殊的人际关系，这也就意味着对师生关系的把握必须基于人际维度进行。从人际维度来看，师生之间这一特殊的人际关系有以下三个方面的要义。

第一，师生关系是一种人与人之间的关系。师生关系作为在教师和学生两类主体之间结成的关系，具有人际关系的一般性特征，如双边性、多重性、直接性、个体性等。

第二，师生关系具有其自身的特殊性。虽然师生关系总体上属于人际关系的范畴，但也是一种不同于一般人际关系的、具有自身特殊性的人际关系。师生关系的特殊性主要有三个方面的表现：其一，师生关系是教师和学生两类社会成员基于各自角色而形成的工作关系，是一种组织化的关系；其二，师生关系具有教育性，是教育活动中一种能动性的要素，无论是对教育活动的开展还是对学生的健康成长，都具有不可替代的作用；其三，师生关系的影响具有长期性和长效性，虽然师生关系因具体的教育活动在特定的时间阶段结成，但其影响并不仅仅停留于具体的教育活动和特定的时间段，而是在相对较长甚至很长的时期里持续性地产生影响。

第三，师生关系的内容丰富。从表面上来看，人际维度下的师生关系仅限于教师和学生之间，但事实上由于教育自身的特殊性和教育活动的丰富性、多样性，师生关系的内容也非常丰富：既可以是工作关系，也可以是朋友关系；既有平等关系，也存在授受关系；等等。

二、主体维度的师生关系

从宽泛的意义上来看，在人际维度中对师生关系的分析已经涉及主体，也在一定程度上具有了主体维度的含义，只不过由于分析的视角和关注的重点不同，对主体维度的把握不够深入。在新的智慧教育阶段，由于各种机器人教师，特别是一些实体性的、智能程度高的机器人教师的加入，使得原本处于隐藏状态或尚未深入展开的主体维度凸显。师生关系仅仅依靠人际维度已经难以做到全面、准确、深入地把握，亟待从人际维度跃迁到主体维度进行把握。

科学技术的进步，特别是新一轮人工智能的迅猛发展，不仅使智慧教育迈入新的阶段，而且使教师队伍的构成发生改变，进而重塑师生关系。这些关系形态不仅是当前师生关系实践呈现出来的新样态，还是研究者亟待进一步探讨的问题。

对于上述把握师生关系的两个维度而言，一方面，人际维度构成了师生关系从主体维度进行分析的基础；另一方面，师生关系主体维度的把握固然离不开人际维度的支撑，但也会随着时代的发展和教育的变革有其所特有的要求与表现。这也就意味着，师生关系既有传统的双主体关系，也有新型的双主体关系，更有三个主体相互协作的三主体关系。一旦再加上时间与空间，那么师生关系的类型将更加多样化，表现形式也更加立体化。所有这些都意味着师生关系进入一个新的实践和研究境地。

第二节　智慧教育中师生关系的新样态

如前所述，随着人工智能技术的迅猛发展，智慧教育也正在逐步迈向新的时期。在这个新的时期里，不仅智慧教育自身会发生很多改变，而且教育中的一些相关范畴也会发生非常明显的改变。师生关系不仅一直是教育实践中长期存在的重要现象，同时作为常谈常新的研究领域，也会随着智慧教育的发展而呈现出新的样态。决定这一样态的关键在于，各式各样的机器人教师开始加入教学中。这些机器人教师的加入使得教学生态发生重大改变。对于这一重大改变究竟该如何进行定位，很大程度上取决于对这些机器人教师的定位。当然，对于机器人教师的地位该如何确定，从目前的研究来看，还尚未见到较为深入的探讨。

为更好地把握机器人教师参与教学后对师生关系的影响，本节基于部分人工智能专家和科技哲学专家关于人工智能主体的论断，从宽泛的或更为开放的意义上，将机器人教师视为一种新型的教学主体。对于这一新型教学主体，有两方面说明：一方面，这一新型教学主体的确不同于原来的人类教师和学生这两类带有生物学底色的教学主体，不仅显得有些另类，甚至还可能显得有些突兀，难以被一些人在短时间内接受；另一方面，正如一些相关研究者所指出的，即使不能把它们看作完全意义上的主体，也不能简单地将它们视为自然或自然物。具体到教学活动中，虽然它们有可能不能像目前人类教师和学生那样，天然地被视为完全意义上的教学主体，但也不能再像过去那样简单地把它们视为普通的教学工具，至少应该将其放于“准主体”的地位[①]，或者说它们具有较弱的主体性[②]。因此，无论何种理解，除了一些比较极端的反对者外，将会有越来越多的研究者持一种更为开放、包容的态度来看待机器人教师。这也就意味着，把机器人教师视为教学主体固然面临着一定的挑战，但也并非不可逾越。恰恰相反，一些相关研究意味着，将机器人教师视为教学主体已经具有相应的学理上的依据，“技术已经达到这样一种程度，其依赖于人而存在，并由人创造，但这种技术再也不局限于提供资源和服务，不再是单纯的辅助教学，而是具有思想、行动能力和主动性的教育者”[③]。

一旦把机器人教师视为教学主体，则它们的加入不仅会改变教学的生态，使教学进入三主体教学时代，而且会使师生关系发生根本性变革，由原来的双主体师生关系转变为新型的三主体师生关系，揭开师生关系的新篇章。因此，三主体师生关系既是智慧教育进入新时期后对教学实践提出的一个新命题，也是教学研究者必须应对的一项新挑战。

一、三主体师生关系的内涵

（一）三主体师生关系的概念

所谓三主体师生关系，即由人类教师与机器人教师及学生三类主体结成的新型师生关系样态。认识这一新型师生关系，需要注意以下两个关键点。

第一，三主体师生关系从总体上仍属于师生关系的范畴。虽然在三主体师生关系中，师生关系的主体数量增加，但依然是教师和学生之间的关系，而不是其他方面的关系。在三主体师生关系中，尽管新增了机器人教师这一特殊的主体，使得师生关系超越了原来仅限于人类教师和学生之间的双主体关系，但事实上不管是人类教师还是机器人教师，就其职责或角色而言都是教师，而且二者共同作为教师一方，与作为另一方的学生结成师生关系。三

① 孙伟平，戴益斌. 关于人工智能主体地位的哲学思考. 社会科学战线，2018（7）：16-22.

② 程承坪. 论人工智能的自主性. 上海交通大学学报（哲学社会科学版），2022（1）：43-51.

③ 薛晓阳. 技术智慧：智慧教育的天命与责任——兼论人工智能发展对智慧教育的影响. 高等教育研究，2019（10）：1-7.

主体师生关系只是增加了师生关系主体的数量，并没有从根本上改变师生关系的范畴，仍然是教师和学生之间的关系。

第二，三主体师生关系中呈现更加复杂的多向关系。机器人教师的加入，不仅增加了教学活动主体的数量，而且使师生之间的关系变得更为复杂，从原来仅限于双主体之间的双向关系变成新型的三主体之间的多向关系。其中，既有原来的人类教师与学生之间的关系，也有新的机器人教师与学生之间的关系，还有人类教师与机器人教师之间的关系。而且，这三种关系还只是从不同主体类型这一个方面在宏观层面上的呈现。一旦将这些不同类型的主体与时空等其他相关因素叠加起来，则三类主体之间结成的师生关系无论是在形态上还是在类型上都会更加复杂。关于这一点，将在后面的形态与类型中进行详细分析。

（二）三主体师生关系的特点

1. 师生关系参与主体增多

三主体师生关系之所以得名，根本原因在于机器人教师的加入。对于新增的机器人教师，存在广义和狭义两种理解。广义的机器人教师既有一些类似于人的实体机器人教师，也有以电脑程序运行的虚拟机器人教师，还可能是在虚拟空间呈现的数字人教师。狭义的机器人教师则只限于实体机器人教师。尽管狭义的机器人教师不包括虚拟机器人教师，但无论是从发展历史来看还是从实践来看，虚拟机器人教师可以说一直都是机器人教师群体中非常重要的组成部分。随着技术的进步和社会的发展，目前已经涌现出一批实体机器人教师，未来实体机器人教师极有可能越来越多。鉴于两类机器人的发展状况及未来科学技术的发展走向，为了顺利推动三主体教学的良性运行，本书选择从广义的层面上来理解机器人教师。

2. 师生关系表现更为复杂

随着机器人教师的加入，不仅有新的两类教师之间的关系，而且两类教师也会与学生之间建立交往关系，从而使教师与学生之间的关系更为复杂：

一方面，有两类教师与学生在同一时空交往的情形；另一方面，有两类教师与学生在相异时空交往的情形。所有这些都意味着三主体师生关系远比双主体师生关系更为复杂、多样。

3. 人类教师角色亟待重构

机器人教师的加入，不仅增加了师生关系中参与主体的数量，使师生关系变得更为复杂，还会对原来双主体师生关系中相关主体的角色提出新的挑战，需要相关主体的角色做出相应的改变。机器人教师之所以被视为教学主体中的一员，关键就在于其能够在一定程度上起到辅助，甚至替代人类教师的作用。机器人教师对人类教师的辅助、替代作用则意味着对人类教师在教学中的地位及作用提出了新的诉求，因此我们要进一步明确人类教师可为、应为及难为的方面。这也就意味着三主体师生关系，或者说机器人教师对人类教师的角色提出了新的要求，亟待重构其在三主体师生关系中的角色。未来，随着机器人教师的进一步发展，其作用还会进一步增强，对人类教师角色重构的要求也会越来越多、越来越高，甚至有些要求可能还非常紧迫。与此同时，机器人教师的一些特殊属性，如可以连续工作、具有全天候的支持能力等，也会影响或改变学生的学习活动。这也会反作用于人类教师，促使其在角色上的调整和改变。无论是机器人教师对人类教师角色的辅助或替代，还是对学生学习活动的改变，都意味着人类教师角色亟待重构。

4. 师生关系活动空间叠加

无论是实体机器人教师还是虚拟机器人教师，都与网络有着密切的关系。虚拟机器人教师是基于电脑程序来运行的，自然与网络或电子空间有关。实体机器人教师虽然表面上看起来是独立的实体，脱离了网络，但事实上也离不开网络的支撑。所以，机器人教师的加入还使三主体师生关系的活动空间也呈现出新的变化：一方面，原来在同一时空中，特别是同一物理时空下的师生关系依然存在；另一方面，新增了超越物理时空的限制，出现跨越时间，甚至跨越时空的师生关系。两个方面的结合不仅意味着师生关系在时空上更加灵活自由，还将多重活动空间叠加在一起，使师生关系的形态也更为丰富多样。

需要说明的是，能够跨越时空限制的师生关系并非三主体师生关系所独有的。在双主体师生关系中，其实也同样存在着跨越时空的师生关系，师生关系既有在时间上的延伸，也有在空间上的延展。但是，由于时空条件和认识水平的限制，这种能够跨越时空的师生关系不仅占比较小，而且影响范围也较为有限，仅限于当事师生及其周围的人员。三主体师生关系在空间上的叠加从某种意义上来说，既是传统跨越时空师生关系的赓续，也是师生关系在空间叠加上的新进展，使物理空间下的师生关系与网络空间中的师生关系有机地叠加在一起。对于这一叠加，无论是人类教师还是学生，都需要一个适应过程，并在适应的过程中逐渐使叠加越来越有机地融为一体。

（三）三主体师生关系的价值

1. 弥补双主体师生关系中的不足

在此前长期的教学实践中，虽然双主体师生关系一直发挥着重要作用，对承担教书育人的重任可谓功不可没，但客观上由于班额过大等方面的原因，师生之间的交往存在着沟通不及时等问题。由于这些问题也是制约教学质量、影响育人效果的重要原因，因此一直饱受诟病。为了解决这些问题，研究者从理论到实践对教学组织形式进行了诸多尝试和探讨，涌现出文纳特卡制、分组教学、协同教学、小班化教学、走班教学（教学班制度）及翻转课堂、混合式教学等教学形式。虽然这些尝试和探讨从表面上来看是对教学组织形式的改进，但事实上也涉及师生关系的改变。这些尝试和探讨尽管取得了一定的效果，如师生交往的充分性、及时性有所增强，但又暴露出诸如效率下降等一些新问题。因此，班级授课制中存在的问题并没有在深层次、整体上得到根本性解决。在三主体师生关系中，机器人教师一方面可以分担一部分人类教师不得不完成的机械性、重复性劳动，使他们能够从这些低效、耗时的劳动中脱身出来，将更多精力放在育人上面；另一方面，由于其强大的存储能力和一定的推理能力，可以为人类教师的教学及育人工作提供更为精准、翔实的信息，从而提高人类教师的教学及育人的工作效率。

2. 丰富和重构师生关系的生态

机器人教师的加入还对师生关系的生态进行了重构，生成与之相对应的三主体师生关系的新形态。这在上文已经涉及，故不再赘述。

3. 增强教学中应用科技的能力

对于三主体师生关系而言，与其说是机器人教师加入教学活动后师生关系的外在表现，倒不如说是现代科技手段在教学实践中应用后的必然结果。对于现代科技手段而言，有些已在教学实践中得到了转化应用，但也有些没有得到转化应用。即使那些得到了转化应用的，其各自的处境也各不相同：有些能够长期持续应用，有些却是昙花一现。即使同样是长期持续应用的，所需要的转化时间也各不相同：有些很快就能在教学中得到应用，有些则需要相对较长的时间才能被应用于教学。从某种意义上来说，机器人教师的转化应用就属于后者。从发展历史来看，广义的机器人教师已经有近百年的历史，其间也在教学中有一些相应的推广和应用，但总体而言，其更大规模、影响更大的应用则是近些年的事情。这既与科技发明向实践转化的速度加快有关，也与教学应用科技手段能力的大幅提升有关。正是教学中应用科技手段能力的不断增强，不仅使机器人教师能够加入教学活动，而且使得三主体师生关系在一定程度上成为现实。

4. 更好地促进学生成长和发展

从双主体师生关系到三主体师生关系，尽管教学主体的类型在数量上增加了，但促进学生成长和发展的使命却一直未变。更为重要的是，三主体师生关系能够更好地促进学生的成长和发展。从表面上来看，机器人教师的加入可以为人类教师提供更为精准的教学决策服务，但究其实质，最终还是为了学生能够更好地成长和发展。精准的教学决策及其实践不仅可以有效地减少学生在学习过程中所做的大量无用功，避免浪费时间和精力，而且可以减少甚至避免出现诸如学习倦怠等一些负面学习情绪，使他们能够以更加积极的心态、更强烈的学习兴趣投入学习活动中，进而更好地促进他们的成长和发展。

二、三主体师生关系的形态

可以说，教育已经进入三主体师生关系的新时代。对于这一新型的三主体师生关系的形态，我们可以从不同的视角进行解读。需要说明的是，由于机器人教师与学生之间的师生关系同人类教师与学生之间的师生关系总体上都属于师生之间的关系，必然有一致的方面。与此同时，作为两类不同教师主体分别与学生结成的师生关系，自然也有不同之处。当然，这两种师生关系之间的差异在很大程度上是由两类教师之间的不同决定的。因此，对三主体师生关系形态的把握应遵循“先师间、后师生”的理路，首先通过对两类教师之间的关系的把握来探讨相应的师生关系。

对于两类教师之间的关系，同样可以从不同的视角进行分析。这里仅以两类教师是否同现（或同在）所结成的师师关系为基础，将师生关系划分为同现型三主体师生关系与异在型三主体师生关系两种基本形态。

（一）同现型三主体师生关系

同现型三主体师生关系，即人类教师、机器人教师和学生三类主体同时出现的师生关系。对于这一形态下的师生关系，还可以根据两类教师在同现时实际所起的作用，进一步分为主辅协作与深度融合两种亚型。

1. 主辅协作下的三主体师生关系

所谓主辅协作下的三主体师生关系，即以一类教师为主，另一类教师为辅，双方在共同协作的同时与学生结成的三主体师生关系。根据主辅协作情况，可分为以人类教师为主、以机器人教师为主两种方式。

在以人类教师为主的情况下，师生之间的活动主要是在人类教师和学生之间展开，机器人教师作为其中的参与者，协助人类教师开展和组织教学活动，并通过与学生之间的互动结成三主体师生关系。对于一些教育性比较突出，或者互动性比较强的教学活动来说，采用这种方式较好。借助机器人教师的协助，不仅可以使人类教师把更多的精力放在育人活动上，而且可以使人类教师与学生之间的互动更为深入，有利于增强教学的教育性。

与上述以人类教师为主相反，以机器人教师为主则是师生之间的活动主要是在机器人教师和学生之间展开，人类教师做辅助工作，共同与学生结成的三主体师生关系。虽然教学中有许多教育性活动，但也还有大量机械性、重复性活动。尽管这些活动不乏教育性成分，而且不排除这些必要的重复性活动具有不可或缺的作用，但这些活动如果只是由人类教师来完成的话，的确会消耗其大量精力，使其难以有足够的精力全身心投入到更有价值的教学活动中。因此，这些大量的机械性、重复性的教学活动就可以采取以机器人教师为主的方式进行，这不仅可以充分发挥机器人教师的优势，还可以使人类教师能够从一些烦琐的重复性活动中解放出来，将更多精力投入到更具价值的教育性教学活动中。

更为重要的是，未来随着人工智能技术的进一步发展，机器人教师的功能会越来越强大，以机器人教师为主的教学情形将进一步增多，并有可能在更深层次上重塑师师关系及师生关系的形态。当然，无论如何重塑，都无法从根本上改变两类教师与学生之间结成的三主体师生关系。

2. 深度融合下的三主体师生关系

在主辅协作下的三主体师生关系中，无论是以哪类教师为主，都意味着对两类教师的作用在一定程度上进行了区分。从教学的过程与功能视角来看，三主体师生关系中的两类教师既有上述能够区分出主辅协作的情况，也有难以严格区分的情况。之所以无法严格区分两类教师之间的主辅关系，其实也就意味着他们之间是深度融合的，即深度融合的三主体师生关系。根据具体的融合实践情况，我们又可以将深度融合下的三主体师生关系分为功能融合与过程融合两种方式。

所谓功能融合，即为实现特定的教学目标或完成相应的教学任务，人类教师与机器人教师同时进行不同的教学活动，但这些教学活动都是围绕该目标或教学任务而展开的。比如，在人类教师对某项内容进行讲解的同时，机器人教师则围绕该内容进行必要的展示或演示，或者机器人教师在对内容进行讲解时，人类教师对其中的重点或关键点进行强调。在这些活动中虽然两类教师各自的具体活动有别，但都围绕相同的教学目标或教学任务而展开，在功能上高度一致，实现了功能上的融合。

过程融合则是人类教师和机器人教师在具体的教学过程中的有机结合。对于过程融合而言，相对复杂一些。有些不仅有过程融合，而且有功能融合，是功能融合与过程融合的有机统一。当然，在此过程中，也还存在着过程融合而功能各异的情况。也就是说，两类教师在相同的教学过程中扮演着不同的角色，发挥着不同的功能。比如，在人类教师进行讲解的同时，机器人教师负责对师生的活动情况进行观察和记录；或者是机器人教师在进行讲解的同时，人类教师对学生的反应进行观察和记录。无论哪种情形，两类教师都在相同的教学过程中各司其职、相辅相成，共同推动教学活动的顺利展开。

无论是过程与功能有机统一的融合，还是过程与功能有异的融合，其实都是人类教师和机器人教师充分发挥自身优势，在确保实现教学目标或完成教学任务的前提下共同致力于教学活动的顺利进行。这不仅是两类教师有机结合的必然要求，也是实现深度融合的三主体师生关系的重要表现。

（二）异在型三主体师生关系

异在型三主体师生关系，即人类教师与机器人教师在具体的教学实践中不是同时出现的，而是分别在不同时间与学生结成师生关系。也就是说，如果人类教师出现，则机器人教师就不出现；如果机器人教师出现，则人类教师就不出现。因此，异在型三主体师生关系与过去的双主体师生关系类似，都是只有教师和学生两类主体，只不过在过去只有人类教师和学生这一种情形，现在则既有人类教师与学生，也有机器人教师与学生。从总体上来说，这种情况是三主体师生关系下一种比较特殊的双主体师生关系，从相对较长的时间来看，都还有另一类教师参与，所以仍是三主体之间的师生关系[①]。

① 虽然在具体的教学活动中存在着只有一类教师在与学生进行交往，而另一类教师并没有真正参与到该教学活动中的情况，但从整体的教学活动来看，两类教师都会参与到教学活动中。有些时候，两类教师虽然不能在同时空一起参与到教学活动之中，但也还可以利用网络等中介，以一种比较特殊的方式同时出现在教学活动之中。

根据异在的情况，异在型三主体师生关系可以进一步细分为时间异在与空间异在两种情形。

1. 时间异在

所谓时间异在，即人类教师和机器人教师不在同一时间出现。也就是说，在同一时间里，只有一类教师与学生开展活动，并结成相应的师生关系。在实际教学中，两类教师不仅可以同时出现，也可以根据实际需要，只出现其中的一类。其中，人类教师与学生一起出现，而机器人教师不出现，从表面上来看就是原来普遍存在的双主体师生关系。当然，如果只是机器人教师出现，而人类教师不出现的话，此时尽管也同样是一种双主体师生关系，但却是一种较为别致，或者说新型的双主体师生关系。目前看来，虽然机器人教师在短时间里还不大可能完全胜任所有教学活动，特别是一些非常复杂的教学活动，但对于一些比较简单，甚至有一定难度的教学活动，还是能够胜任的。未来，随着机器人教师的不断迭代升级，机器人教师能够独立完成的教学活动将越来越多，而且范围也将越来越大，将出现越来越多的基于后者的时间异在的三主体师生关系。

2. 空间异在

空间异在与时间异在相似，是指人类教师和机器人教师不在同一空间出现。这也就意味着在同一空间，要么只有人类教师，要么只有机器人教师，二者不会同时出现。当然，由于空间的复杂性、多样性，因此其异在又有其特殊性，既有与时间异在交织的空间异在，也还有纯粹的空间异在。

前者意味着空间异在与时间异在二者合而为一。有些时候，空间与时间不可分离。因此，空间异在也就意味着时间异在，或者说时间异在也就意味着空间异在。二者可以说是一体两面，是从不同维度对同一异在的把握，对于这种与时间异在交织在一起的空间异在，可以与时间异在结合起来理解，这里不再予以解释。

后者意味着还有些可以脱离时间的约束而单独呈现出来的空间异在。需要说明的是，这里所说的脱离时间的约束，并不意味着时间不存在，而只是说空间与时间并不同步，或者说不需要考虑时间的情况。比如，人类教师在物理空间出现，而机器人教师在网络空间出现，或者机器人教师在物理空间出现，人类教师在网络空间出现。虽然此时两类教师没有出现在相同的空间，但出现在相同的时间，所以此时可视为单独的空间异在，也依然属于三主体师生关系的范畴。而且，随着网络技术的迅猛发展和智能手段的日新月异，这种空间异在但时间同在的三主体师生关系现象可能越来越普遍。

三、三主体师生关系的类型

与双主体师生关系类型可以从多个维度来进行把握一样，三主体师生关系类型同样可以从多个维度进行把握。由于有些维度，如数量、功能等在三主体师生关系形态的分析中已经涉及，故这里从另外四个维度进行探讨，即外部与内部、完整与局部、全实型与虚实型、稳定型与灵活型。

需要说明的是，对于三主体师生关系类型虽然有各种不同的划分，但由于这些划分都是基于三主体师生关系的客观存在而进行的，所以这里基于不同标准下的划分与前述形态分析可能存在重叠。对于这种情况，本书主要以上文所做的分析为主，这里不再细述。

（一）外部的师生关系与内部的师师关系

对于三主体师生关系来说，学生是师生关系中不可或缺的一方。虽然从总体上来说，学生都应该参与师生关系活动，但也不排除在有些活动里学生并不直接参与的情况。因此，师生关系可以从有无学生参与划分为有学生参与的师生关系与无学生参与的师师关系。前者有学生的直接参与，是一种既有教师，又有学生的师生关系；后者没有学生的直接参与，而只能是教师与教师之间的关系。对于前者这种有学生参与的师生关系可称为外部的师生关系，而对于后者只有教师参与的教师之间的关系可称为内部的师师关系。

作为两种不同的师生关系类型，其师生关系的具体表现各有不同。对于外部的师生关系而言，既有可能是由人类教师、机器人教师和学生三者参与而形成的师生关系，也有可能是由其中一类教师与学生结成的师生关系。但无论是何种情况，都必然会有教师一方，也有学生一方，是在教师和学生两种不同的主体范畴之间结成的师生关系。

从表面上来看，内部的师师关系由于只是涉及两类教师，即人类教师与机器人教师之间的关系，并没有涉及学生，似乎不属于师生关系的类型之一。其实，无论是人类教师，还是机器人教师，不仅都会与学生有关系，而且都必然与学生有关系，否则“教师”称谓将无从谈起。所以，两类教师此时虽然在表面上与学生没关系，好像没有存在师生关系，但实际上他们都离不开学生，也都与学生有关系。这也就意味着，此时学生尽管在表面上没有直接参与两类教师的活动中，但事实上却一直是两类教师之间的桥梁，是两类教师共同的工作对象，并一直与两类教师进行各种形式的交往，从而在深层次上形成三主体师生关系。更重要的是，这种专门的师师关系不仅基于学生，还是为了更好地了解学生，也是为提升教学质量服务的。

（二）完整的三主体师生关系与局部的三主体师生关系

在对三主体师生关系进行探讨时，通常默认学生必然是其中的一方，两类教师作为另外一方，是由这三者共同构成的师生关系新样态。当然，在具体的实践中，作为另外一方的两类教师的实际参与情况存在着多种可能。从两类教师是否同时参与这个方面来看，既可能同时参加，也可能分别参加。因此，根据两类教师实际参与情况，可将三主体师生关系分为完整的三主体师生关系与局部的三主体师生关系。如果两类教师一起出现，就属于完整的三主体师生关系；如果不是一起出现，就属于局部的三主体师生关系。

需要说明的是，对于这两种类型的三主体师生关系，虽然在上文已经有所涉及，但是仍可以根据实际参与方式进行细分。在完整的三主体师生关系中，虽然两类教师一起与学生结成师生关系，但根据参与方式，又可以分为并列型与主辅型两个亚型。在并列型中，两类教师所起到的作用大体相同，难以明确地区分孰轻孰重。在主辅型中，两类教师所起到的作用呈现出比较明显的区别：有些时候以人类教师为主、以机器人教师为辅，有些时候则是以机器人教师为主、以人类教师为辅。

在局部的三主体师生关系类型中，由于两类教师不是同时出现，而是分别与学生发生关系，所以又可以分为人类教师与学生结成的师生关系、机器人教师与学生结成的师生关系两个亚型。尽管局部的三主体师生关系类型中，只是一类教师与学生在发生交往，另一类教师并没有直接在场，但事实上没有在场的教师也在其他时间，或者以其他方式（比如前述的师师关系）参与其中。因此，从实质上来看，此时的师生关系仍然是三主体师生关系，不过此时有一类教师主体不是以显性方式，而是以隐性方式参与其中。

（三）全实型三主体师生关系与虚实型三主体师生关系

作为三主体师生关系中的组成部分，机器人教师拥有实体与虚拟两种不同的形态。因此，三主体师生关系还可以据此划分为全实型的三主体师生关系与虚实型的三主体师生关系。对于前者而言，无论是人类教师、机器人教师还是学生，都以实体的形态呈现，是在三种实实在在的主体之间结成的师生关系。对于后者而言，机器人教师不再以实体形态呈现，而是以电脑程序或者虚拟数字人等形态呈现的，并与学生结成师生关系。因此，这一划分的关键就在于机器人教师的形态：如果机器人教师是实体形态的，就是全实型三主体师生关系；如果是虚拟形态的，就变成了虚实型三主体师生关系。对于机器人教师究竟是以实体形态呈现更为恰当，还是以虚拟形态呈现更为合适，并不能简单地由其形态决定，而要结合技术手段的进步和实际应用才有可能做出更为周全的判断。

需要说明的是，这种划分仅就机器人教师呈现的形态而言，并未涉及机器人教师参与的具体教学活动，因此也未涉及与学生之间的交往活动。事实上，不同形态的机器人教师也会以不同的交往方式，如前述的同现型或异在型参与到教学活动中，并与学生结成相应的师生关系。因此，无论是全实型三主体师生关系还是虚实型三主体师生关系，都会有各自的亚型。对于这些亚型可以结合上文的相关内容进行把握，这里不再赘述。

（四）稳定型三主体师生关系与灵活型三主体师生关系

根据三类主体之间的稳定程度，我们还可以将三主体师生关系划分为稳定型三主体师生关系与灵活型三主体师生关系。

所谓稳定型三主体师生关系，即人类教师、机器人教师和学生三者在一定时期保持相对稳定的关系状态，并结成较为紧密的师生关系。这种类型师生关系与目前一些国家或地区科任制下的师生关系相似，具有科目稳定、班级固定等属性。这也就意味着新增的机器人教师与人类教师之间结成了较为稳定的关系。当然，在这种类型中，三类主体之间的关系虽然相对稳定，但也并不意味着一成不变，不排除其间有可能发生一些改变。比如，两类教师分别偶尔与其他教师合作，甚至两类教师短时间里不同时出现，等等。虽然三类主体之间，尤其是两类教师之间可能出现各种临时性的改变，但从总体上保持着一种较为稳定的状态，仍然属于稳定型三主体师生关系。

灵活型三主体师生关系意味着三类主体之间的关系不仅不是一成不变的，而且会根据实际教学需要，结合三类主体各自的特点，相互之间经常进行各种调整。为了保持教学的稳定性和充分发挥教学的教育性，虽然并不是特别推荐师生之间的关系过于灵活、多变，但客观上也的确会存在着一些由于某种原因而需要不断地对两类教师进行调整的情况。从具体变化情况来看，又有人类教师固定而机器人教师不固定、机器人教师固定而人类教师不固定、人类教师与机器人教师都不固定三种情形。所有这些灵活型三主体师生关系从表面上来看都与前述内部的师师关系或者局部的三主体师生关系一样，只是从两类教师变化进行探讨，没有涉及学生这一类主体，但事实上由于教师的变化与学生的变化具有密切的联动关系，所以无论是哪种情形，一旦教师改变，往往也意味着其教学对象（即学生）也会发生改变。这也就意味着在两类教师灵活的背后依然离不开学生的参与，也依然与学生结成三主体的师生关系，并且三者之间的关系不再是固定不变的，而是灵活多变的。

对于三主体师生关系的类型，一方面，除了根据上述四种不同的标准进行相应的划分外，还可以根据其他一些标准，如教育阶段、教育类别等来进行划分；另一方面，可以结合相关思考对已划分出来的类型做进一步细分，呈现出更加全面、更为丰富的三主体师生关系类型。

总之，随着人工智能技术的迅猛发展，特别是各种机器人教师纷纷加入教学中，不仅使教学形态发生了改变，而且使师生关系发生了改变，并由此揭开师生关系研究的新篇章。

第三节　智慧教育中师生关系的新动向

随着人工智能技术的迅猛发展，智慧教育不仅正在逐步迈向新的阶段，达到新的水平，而且也在对教育中的诸多方面不断地进行重构。师生关系作为教育中长期存在的重要现象，也随着智慧教育的发展呈现三主体师生关系这一新型的师生关系样态。对于这一新型师生关系样态来说，虽然上文已经从内涵、形态及类型等方面进行了阐释，但总体而言，这些阐释还只是结合部分已有的教育实践，在相对较宏观的层面进行描述和勾勒的，并没有对未来三主体师生关系的走向进行更为全面的擘画，对其探讨也还不够深入。为了更好地理解和把握未来的师生关系，助力三主体师生关系建设，有必要对其未来发展的新动向做进一步的探讨。

在对各种具体的新动向进行探讨之前，有三点需要说明：第一，这些新动向已经存在于以往及当下的师生关系之中，但因在智慧教育中有了新的表现，是智慧教育对师生关系重构之后的必然表现，故而将其称为“新动向”。第二，其中有些新动向不仅已经在目前的实践中有所显现，甚至有些已经体现得非常明显，比如此前就有但却一直尚未大规模应用的线上线下相结合的教学方式在应对新冠疫情期间却逐渐被常态化，师生关系在跨越时空方面的叠加愈发凸显。当然，也有一些动向暂时表现得还不够充分，还有待在今后教学实践中进一步观察和判断。这也就意味着，一方面不排除在此过程中某些动向不能随着社会的发展如期而至，只能停留在猜想层面；另一方面也不排除可能出现一些出乎意料的新动向。第三，这里所说的师生关系仅限于教育活动中所发生的师生关系，并不包括那些在教育活动结束后仍然长期持续下去的师生关系。总体来看，智慧教育中师生关系主要有以下动向。

一、互为性更加开放

简单地说，师生关系就是教师和学生之间结成的双边双向关系。在这种双边双向关系中，缺少其中任何一方，师生关系都不成立。因此，师生关系的首要特点就是互为性，师生互相以对方为各自存在的前提，“也即互相依赖”[①]。质言之，如果没有学生，也就谈不上教师；反之，如果没有教师，也就谈不上学生。教师和学生互相以对方的存在为前提，并基于这一前提在两类主体之间建构起师生关系这一特定的人际关系。

互为性不但存在于以往及当下的教育中，在智慧教育中也将同样存在，而且将以更加开放的态势存在。这是因为，在此前的教育中，师生双方由于年龄、学识等方面的制约，其互为性往往是固定的、单向的。在师生关系中，教师多数位于施教端，学生则多数位于受教端，师生关系几乎不大可能发生翻转。尽管“三人行，必有我师焉”[②]的论断和各种不同版本的“一字之师”的典故似乎可以证明此前的师生关系并非都是固定的、单向的，但也可能出现逆转。需要说明的是，虽然上述现象的确存在，但也只是个别现象，而非普遍现象，也非当时师生关系中的主流，并不能据此来否定师生关系在互为性上的固定化、单向性。这是因为，一方面，这些个别现象只是一些学识丰富之人谦虚心态的体现，是其个人对自己的严格要求，并不能表明当时绝大多数教师具有这种自觉，自然也就不能证明当时真正出现了大规模的师生关系逆转的现象；另一方面，这些现象之所以是个别的而不是主流的，也与当时的条件下人们能够获取知识的渠道比较单一有关。在相当长的历史时期里，科学技术不够发达、生产力不够先进，不仅无法满足更多人接受教育的需要，还无法满足适龄儿童实现自身发展的需要，比如无法为学生

① 林德全. 教育主体性的误区及互为互动的师生关系略论. 柳州师专学报，1999（1）：76-80.

② 孔子. 论语. 杨伯峻，杨逢彬注译. 长沙：岳麓书社，2018：92.

提供更多获取知识的渠道。在那个时期，学生除了从教师这一渠道获取知识外，很少有其他获取知识的渠道。这两个方面都表明在此前的教育中，教师和学生的角色不但是互为的，而且其互为还是固定的、单向化的，而非开放的、可逆的。

在智慧教育中，由于一些智能化设备的加入，上述固定的、单向化的互为师生关系被打破。无论是对于教师还是对于学生，各自的角色及其相应的师生关系都不再是固定的，而是更加开放的、多元的、灵活的。这不但会赋予师生关系的互为性新的内涵和表现，而且会使“教学相长”这一美好憧憬最大限度地转化为现实，可以更好地服务教师的成长和学生的发展。《学记》就非常难得地指出，“学然后知不足，教然后知困。知不足，然后能自反也；知困，然后能自强也。故曰：教学相长也”[①]。虽然这一论断在此后长期的教学实践中有所体现，并且有很多教师及其学生确确实实通过教学相长实现了“师生同益”[②]，使师生双方共同发展得以成为现实，但与此同时也不得不承认，能够做到这一点的只是整个教师群体中的少数人。所以，在很大程度上，教学相长还只是人们的一种美好憧憬，并没有充分发挥其应有的效能。对于这种情况，我们不应该简单地去批评、指责，而应该去思考是什么原因使其未能充分发挥应有的效能，并在此基础上寻找恰当的解决方案。客观说来，导致教学相长未能充分发挥其效应的原因有很多，但教师工作负担过重，缺少足够的时间和精力对教学活动进行系统复盘、深刻反思，进而难以实现“教然后知困”，无疑是其中非常重要的原因。在教育实践中，很多教师无暇去思考其所困之处，更无暇去思考所困之原因和解困之策，因此难以通过“教然后知困”来真正实现教学相长。但同时我们也看到，实践中也有一些教师面对繁重的工作，仍然想尽办法抽出时间来进行思考和反思，进而实现教学相长。只不过从比例上来看，由于后者所占比例较低，以至于两者并不是很匹配。在智慧教育中，借助一些设备，甚至一些特殊的教学主体的参与，可以使教师能够有更多时间和精力进行教学反思，思

① 李绪绅.《学记》解读. 济南：齐鲁书社，2008：21.
② 熊川武，江玲. 理解教育论. 北京：教育科学出版社，2005：33.

其所困，进而探讨相应的化解策略。在此过程中，双方不仅可以各自发挥自身所长，针对特定的学生群体开展相应的教学或活动，以及通过不断地改进和完善相应的教学或活动，促进学生的成长和发展，并实现师生双方的共同成长，而且使师生的互为性发生明显改变，从相对封闭、固定的样态转变为更为开放、灵活的样态。

二、类型更加多样

智慧教育作为各种智能信息技术在教育中的应用而造就的由多个系统组成的具有智慧特征的教育形态，主要表现在机器人教师这一新型教师加入人类教师队伍，教育将迈入“人机共教”的新时代。[①]机器人教师的加盟将会使原有的师生关系类型向越来越多样化的方向发展。

概括起来，智慧教育中将至少包括以下五种师生关系类型。

一是传统的单人师型师生关系。在智慧教育中，尽管机器人教师会加入教师队伍，与人类教师一起开展教育活动，但这并不意味着它们会参与所有的教育活动。也就是说，有些教育活动仍然只有人类教师在参与，甚至也只有人类教师才能胜任。这也就意味着，此前仅由人类教师与学生结成的师生关系在智慧教育中会依然存在。为了更好地反映智慧教育中师生关系的全貌、准确把握各种师生关系类型，对于这种依然存在于智慧教育中、单纯地由人类教师与学生构成的师生关系，我们将之称作传统的单人师型师生关系。这种类型的师生关系一方面遵循原来的人际型师生关系的要求，另一方面也会因为机器人教师参与部分教育活动而又有所不同。需要说明的是，尽管此时有后者的参与，但它们的参与总体上是可以忽略不计的，几乎完全以前者为主。也正因如此，我们将这种类型的师生关系依然称为传统的单人师型师生关系。这也就意味着，在未来的智慧教育中仍然会有一些不需要或者没有机器人教师参与的师生关系。

二是新型的单人师型师生关系。这一师生关系类型，与上述传统的单人

---

① 朱永新. 迎接“人机共教”新时代. 中国教育报，2018-03-05（2）.

师型的师生关系类型既有相一致的方面，亦有明显的区别。从一致的方面来看，就是两者都是由人类教师与学生结成的师生关系。从区别的方面来看，在传统的单人师型的师生关系中主要或者说完全是人类教师和学生参与，而在新型的单人师型的师生关系中除了人类教师和学生外，还有一些特殊的设备也参与进来，它们与人类教师“一起”工作。只不过，他们不是与人类教师在同一时空，特别是同一空间里“一起”工作，而是协助人类教师跨越空间的限制与学生隔空交往。因此，在这种新型的单人师型的师生关系中，整个师生关系仍然以人类教师与学生之间的关系为主，但由于一些设备的协助，师生关系又有别于传统的单人师型的师生关系。对于这一类型的师生关系将在下文进行详细阐释，此处暂不赘述。

三是人师机师同构型师生关系。在这种类型的师生关系中，既有人类教师（以下简称“人师”），也有机器人教师（简称“机师”），他们一起与学生结成师生关系。这种师生关系类型作为智慧教育在教育实践中应用的必然反映，既是教育迈入“人机共教”时代最为基本的师生关系类型，也是未来教育活动中师生关系的主流。在这种类型的师生关系中，不但人类教师与机器人教师一起参与教育活动，而且他们还往往与学生在同一时空中共同出现。也正因如此，我们将这种类型的师生关系称为人师机师同构型的师生关系。

四是人师机师异构型师生关系。这种类型的师生关系与上述人师机师同构型的师生关系既有相同之处，亦有明显区别。前者主要表现为二者都有人类教师和机器人教师参与，而后者意味着在这种类型的师生关系中，两类教师不是同时空共在，而是异时空共在。这也就意味着，尽管两类教师都会与学生结成师生关系，但却是按照一定的先后顺序分别与学生结成的，而不是同时空结成的。根据师生关系结成顺序的先后，我们又可以分为两种亚型：一种是人师在前，机师在后，即先人师后机师；另一种是机师在前，人师在后，即先机师后人师。当然，无论何种亚型，人师与机师都不在同时空出现，而是在异时空出现，故我们将之称为人师机师异构型的师生关系。

五是新型单机师型师生关系。在智慧教育中，除了上述各种类型的师生关系外，也还存在着一种只有机器人教师参与教育活动而与学生结成的师生关系。在这种类型的师生关系中，由于只有机器人教师一方参与，故可谓新型的单机师型的师生关系。随着人工智能技术的进步，一些相对较为简易的、重复性较强的教学活动中，机器人教师就完全可以胜任。把这样的教学活动交给机器人教师，由它们单独来完成的同时，也意味着新型的单机师型师生关系的出现。

三、叠加更加多元

从原初意义上来说，师生关系作为一种由来自不同群体的人相互交集而生成的关系，本身就具有叠加性。而且，由于师生关系还是一种特殊的人与人之间的关系，其叠加性就显得尤为突出：既有多个教师与某个学生之间的叠加，也有某位教师与多个学生之间的叠加，抑或多位教师与多个学生之间的叠加。

在智慧教育中，师生关系的这种叠加现象不但依然存在，而且由于机器人教师的参与，其叠加形式还在原有基础上更加复杂、更为多元。

概括起来，智慧教育中的师生关系呈现出以下三种新的叠加形式。

一是师生关系的叠加走出校园，呈现为校内教师与校外教师的叠加。这种叠加形式目前已经出现，并正在向纵深化方向发展。现代技术手段在教育中的应用而使得教学组织形式发生了改变，而且使得师生关系的叠加随之而变。比如，已经初具影响的慕课，以及同步直播课堂①、2022 年上半年正式上线的国家智慧教育公共服务平台等都使得师生关系的叠加走出了校园，呈现为校内教师和校外教师之间的叠加。尽管人们对《教育的水平线》②中得出的“屏幕可能改变命运”的结论存在争议，但客观说来，网络同步直播在将一些优质教育资源辐射到教育资源相对匮乏地区的同时，其实也就改变了其原有的师生关系结构，在此基础上叠加出另一种师生关系。另外，为了应对新冠疫情，确保“停课不停教、停课不停学”，很多学校除了利用网络直

---

① 周玉霞，朱云东，刘洁，等. 同步直播课堂解决教育均衡问题的研究. 电化教育研究，2015（3）：52-57.

② 程盟超. 教育的水平线. 中国青年报，2018-12-12（9）.

播开展直接教学外，有些学校还充分利用一些网络优质教育资源，通过网络教学的方式开展教学活动。虽然二者所采取的教学方式不同，但是都呈现叠加性特征。当然，从目前的情况来看，这种叠加总体上仅限于人类教师之间的叠加，是原来多位教师与学生之间叠加的升级版，由仅限于校内的叠加走向校内与校外相结合的叠加，但这种叠加离不开智能化的载体或平台，故也可以被视为智慧教育下师生关系叠加的重要表现形式。

二是师生关系的叠加超越人类，呈现人类教师与机器人教师的叠加。人工智能的快速发展将会对包括教学在内的教育的各个方面产生更为深远的影响，与人类教师类似的机器人教师已经出现，比目前的机器人更加智能化的新型机器人教师也会在不久的将来出现。这些机器人教师与人类教师既各有分工，又相互协作，在共同影响和帮助学生成长与发展的同时，也使得师生关系超越了单纯的基于人与人之间的叠加，呈现为人类教师与机器人教师之间的叠加。当然，这种叠加既是教育迈入“人机共教”时代的标志，也是师生关系进入新阶段的标志。

三是师生关系的叠加超越空间，呈现为跨空间的师生关系的叠加。这种叠加其实在前述校内教师与校外教师的叠加中已经有所涉及。只不过，这时的叠加还是不同的人类教师之间的叠加。在智慧教育中，除了上述的跨空间叠加的师生关系外，还有另一种形式的跨空间叠加，即利用一些技术手段来与自己熟悉的、经常接触或者说相对较为固定的人类教师在空间上进行叠加。由于受空间的限制，人类教师和学生在绝大多数情况下只能在有限的空间范围内进行互动。随着技术的进步，特别是一些新兴的技术手段逐渐被普及和推广，在有效化解上述困境的同时，也改变了人类教师与学生之间的交往形式，呈现出新的跨越空间的叠加。比如使用 VR（virtual reality，虚拟现实）、AR（augmented reality，增强现实）、MR（mixed reality，混合现实）及 XR（extended reality，扩展现实）等技术不但可以使得目前一部分由于空间分隔而受到限制的师生关系能够得到明显的改观，而且使得原来的师生关系焕发出了新的生机与活力。因此，作为一种有别于上述两种形式的基于智慧手段实现的师生关系在交往空间上的叠加，也是未来的智慧教育中师生关系叠加的新形式。从本质上来说，这种叠加就是通过空间的叠加实现的，即借助于一定的技术手段，将物理空间与网络空间或者说是虚拟空间叠加在了一起。因此，跨空间的叠加就不再局限于人类教师与学生之间，还可能是其他类型的教师与学生之间的叠加。这里所说的其他类型的教师，既有可能是上述的机器人教师，也可能是未来的数字人教师。尽管两者从总体上都属于基于人工智能的教师范畴，但是数字人教师的呈现形式更为多样化，所以在事实上二者还是有所区别的。对此，这里就以呈现形式更为丰富的数字人教师来进行说明。鉴于目前科学技术的发展态势，数字人教师大体有两种：一种是通用型的数字人教师，这种类型的数字人教师与机器人教师的功能高度一致，二者只是在称谓上有所区别；另一种则是作为人类教师的数字化化身，是特定的人类教师的代替者。根据代替的对象不同，又可以分为两种情况：一种是具有原生的人类教师的属性，是人类教师原有的生物个体与社会个体结合在一起，且在更高级别的网络空间以虚拟的形式呈现。这一种实际上也就是人类教师在虚拟空间里的翻版；另一种则不再是实体物理空间里的人类教师在虚拟空间里的翻版，而是在更高级别的网络空间里呈现或者扮演的新型教师角色。未来的跨空间师生关系的叠加既可能只是前者，也可能只是后者，还可能是二者的叠加。

四、关系趋向非结构化

在前面的分析中已经指出，以往的师生关系从总体上来看是相对稳定的。尽管不排除其间由学校师资队伍变化等的原因导致的部分教师与学生之间的师生关系出现的变化，但总体而言师生关系还是比较稳定的，这种关系一般会维持一个相对较长的时间周期，如一个学期或者一个学年，甚至三年五年。虽然这种稳定的师生关系呈现出有利于教育活动的延续等正向作用，但也存在着诸如由于师生关系过度稳定而呈现相对封闭状态，出现过于固化等现象。当然，这些不足也会随着一些教育改革举措的推出在一定程度上发生改变。比如，为了确保教育公平，推进教育均衡，很多地方就提出教师轮岗等举措。这些举措也在一定程度上改变了师生关系的样态，使师生关系从原来相对封闭、固定的结构化状态向非结构化方向发生改变。

在智慧教育中，随着优质教育资源供给的大幅增加，特别是一些设备的广泛使用和机器人教师的“加盟”，师生关系将逐渐从这种稳定的状态转变为非结构化的状态。在这种新的非结构化的师生关系中，最为明显的表现就是，师生之间的关系不再是固定的、稳定的，而是灵活的、开放的，甚至还有可能出现“生无常师”“师无常生”等看似无序实则有序的新格局。这些都意味着，师生关系将迈向非结构化的新阶段。

智慧教育中，师生关系逐渐趋向非结构化主要与以下两方面原因有关。一是学生对接受教育的要求不断提高而产生的师生关系非结构化。从总体上来看，不仅学生对接受教育的要求在不断提高，而且这些要求也在日益得到满足。这一过程其实也使得师生关系非结构化进一步加剧和凸显。接受更高质量的教育、促进自我更好地发展应该说是所有学生的美好愿望。这种美好愿望虽然在新智慧教育之前能够在一定程度上得到满足，但由于教育资源（特别是优质教育资源）的总量供给不足，能够满足的程度和广度受到较大制约。在新智慧教育中，教育资源（特别是优质教育资源）供给增多，能够为学生提供更多的选择空间和更大的选择自由。这不但可以更好地满足他们接受更高质量教育的需求，而且使他们在具体的选择过程中可以不断地调整、改变原本已经建立的师生关系，在此过程中会生成新的师生关系，并在此基础上使师生关系的非结构化更为突出。

二是原有的师生关系约束机制失灵，新的师生关系约束机制尚未建立而产生的非结构化。在智慧教育之前，师生关系之所以能够保持相对稳定的结构化状态，主要受当时条件的制约，无法建立更为灵活的选择机制，在很大程度上由于优质教育资源供给不足，无法为所有学生提供充足的优质教育资源，只能通过一套相对稳定的约束制度进行限制。这些约束制度虽然限制了学生自由选择教育的空间，但强化了师生关系的稳定性。在智慧教育中，一些设备的使用和机器人教师的加入在扩大优质教育资源的供给、为学生提供更大的选择自由的同时，也给师生关系带来了新的挑战：一方面，师生之间原有的约束机制无法适用于新的智慧教育中；另一方面，智慧教育中师生之间新的约束机制尚未建立。二者叠加的结果就是师生之间的关系渐趋泛化、短时化，难以建立新的、较为稳定和长久的关系，使师生关系呈现前所未有的非结构化发展态势。对于这一态势，我们需要审慎地看待：一方面，它有助于形成一种更加开放、灵活的师生关系；另一方面，它可能使师生关系的教育价值被弱化，甚至丧失。后者不仅是智慧教育中师生关系建设需要注意规避的，也可能是今后师生关系建设过程中的难点问题，需要给予高度重视。

五、开放性更为丰富

在智慧教育之前的教育中，虽然师生关系总体上呈现如前所述的固化样态，但也并不意味着师生关系是完全不开放的。通过前面的相关分析我们可以看出，即便在相对固化的情况下，师生关系仍在一定范围内呈现出不同程度的开放性，如由多位教师与学生之间呈现的多个主体之间的开放[①]、随着教育阶段的改变而呈现的具体教师变化所产生的开放等。当然，由于这些开放性大都表现为师生关系的开放，即人类教师与学生之间在特定时空中的开放，所以还显得较为狭窄，难以与智慧教育中师生关系的开放性相媲美。

对于智慧教育中师生关系的开放性，我们主要从以下三个方面进行简要说明。

第一，师生关系的开放性更加灵活、多元、丰富。在智慧教育中教师和学生将不再各自一直处于相对固定的一端，师生关系以更加灵活的方式进行呈现。这一灵活转换的过程实际上也就是师生关系更为开放的表现。

第二，间接师生关系将越来越突出。根据师生交往的方式，我们可以将师生关系分为直接型师生关系和间接型师生关系。受到交往条件的限制，以往教育中的师生关系以直接师生关系为主，以间接师生关系为辅。在智慧教育中，这种局面将会发生极大的改变。智能技术的使用不但使诸如机器人教

① 李瑾瑜. 关于师生关系本质的认识. 教育评论，1998（4）：36-38.

师等新型教师加入教师队伍，产生新型师生关系，而且丰富甚至改变了原来的仅在人与人之间结成的师生交往的形式。无论是由于教师队伍类型的扩容而产生出来的新型师生关系，还是师生之间因交往形式的改变而引发的师生关系改变，都意味着师生关系呈现出开放性特征。

第三，正式师生关系与非正式师生关系的界限模糊。根据师生关系发生的场域，我们可以将师生关系分为正式师生关系与非正式师生关系。所谓正式师生关系主要是指师生在学校、课堂等一些正式的组织化场所里发生的人际关系、教育关系。非正式师生关系则是指师生在课堂等正式的组织化场所之外发生的人际关系、教育关系。受到交往手段的限制，以往的师生关系主要在课堂等正式的组织化场所中生成。在智慧教育中，一些设备的使用和机器人教师的加入使得师生关系不再拘泥于以正式师生关系为主的样态。更为重要的是，随着各种非正式师生交往类型的不断涌现，它与正式师生关系的界限也变得逐渐模糊，使师生关系向更加开放的方向迈进。

六、情感性更为重要

情感（或感情）不仅是影响师生关系的重要因素，而且是衡量师生关系水平及影响教育效果的重要尺度。赞科夫指出，“就教育工作的效果来说，很重要的一点是要看教师与学生之间的关系如何”①。当然，随着研究的深入，人们对情感在教学活动中的重要性的认识也在不断提高。从教师方面来看，“感情绝不是简单的动机的‘附加物’或‘马后炮’——它们主要在引发和塑造目的与个人作用信念模式上发挥影响，这种影响似乎在特定的行为事件上相对短暂且不稳定，但实际上从持续的动机模式来看，每一点影响都同认知、加工一样”②；从学生方面来看，情感也同样是非常重要的影响因素，学生的学习活动不仅要求认知因素的积极参与，还需要情感的积极参与，“学习受认知因素与感情因素的交互影响”③。因此，无论对于教师还是

① 列·符·赞科夫. 和教师的谈话. 杜殿坤译. 北京：教育科学出版社，1980：24.
② 舒尔茨，等. 教育的感情世界. 赵鑫，等译. 上海：华东师范大学出版社，2010：216.
③ 雷继红. 谈学生的“成就感情”. 上海教育科研，2010（10）：55-56.

对于学生，情感因素的重要性都不容小觑。更为重要的是，对情感及其重要性的认识也会作用到师生关系建设，只有不断加强师生之间的情感交流，才能充分发挥情感的教育性力量。

在智慧教育中，师生之间不但依然存在着情感关系，而且他们之间的情感关系更加重要。这是因为，在智慧教育中尽管会有一部分机器人教师参与到教育活动中，其间仍会存在大量人类教师。这些人类教师与学生之间仍然会结成与以往教育中相同或类似的师生关系。机器人教师参与教育活动客观上不但使人类教师的职责发生一些转变，而且也对师生关系提出了更高的要求。在智慧教育中，学生将主要通过一些更加智能化的载体来获取知识，不再像以往那样主要从教师处获取知识。“课程知识的传播和指导可以更多地交由在线教育平台来完成，这些人类教师就可以空出更多的时间来充当好导师这一角色。”①由于教师不再是学生获取知识的主要渠道，所以其原来的知识传播者这一角色将被逐渐淡化，他们转变为学生成长和发展的引路人，转向对学生在精神层面上进行引领。从某种意义上来说，这一引领过程本身就是感情的引领：既需要教师投入更多的感情，以激发和培养学生的感情；又需要学生带着感情来用心倾听、接纳。在此过程中，教师以情育情来引领学生的发展。因此，智慧教育中不但存在人与人之间的感情关系，而且对这种感情关系提出了更高的要求。

更为重要的是，在智慧教育中，对机器人教师的使用本身也同样对情感提出了新的要求。这将会进一步提升情感在师生关系中的重要程度。虽然从目前的情况来看，各种机器人教师是没有感情的，但随着人工智能技术的进步，不排除部分机器人教师可能具备一些较为初级的人类情感。这将使得它们在与学生交往时有可能因为有情感的表达、交互而使其与学生的关系具有情感性。另外，当学生在与这些机器人教师进行交往时，也反过来对他们的表达、理解等情感行为进行重塑。当然，这种重塑本身有利也有弊。从教育的角度而言，无论是更好地利用其有利之处，还是避免其不足之处，其实也

① 迈克尔·霍恩，希瑟·斯特克. 混合式学习：用颠覆式创新推动教育革命. 聂风华，徐铁英译. 北京：机械工业出版社，2016：164-165.

同样对情感提出了相应的要求，甚至是更高的要求。

七、复杂性更为突出

在智慧教育中，机器人教师的加入使得实践中师生关系变得更加复杂。

第一，师生关系类型越来越多样化。机器人教师既是衡量智慧教育的关键标志，也是师生关系迈入新阶段的重要体现。在智慧教育之前的教育活动中，只有人与人之间结成的师生关系，但在智慧教育中，“人机共教”意味着不仅新增了机器人教师这一特殊类型的教师，还新增了其与学生之间结成的特殊的师生关系。因此，智慧教育中的师生关系已经从原来单纯的人与人之间的师生关系，进一步扩大到机器人教师与学生之间结成的新型师生关系。这既是智慧教育实践中的应然现象，也是师生关系走向更加复杂的必然结果。

第二，新增人类教师与机器人教师之间的关系。机器人教师的出现不仅新增了其与学生之间的师生关系，而且新增了其与人类教师之间的关系。后者也同样使师生关系更加复杂，这是因为二者之间的关系会影响到各自与学生之间的关系。一方面，双方都会涉及与学生之间的关系；另一方面，双方还需要基于学生的实际情况对各自的角色进行协调。也正因如此，这里将人类教师与机器人教师之间的关系作为师生关系的重要组成部分，这样做既可以深化对智慧教育中师生关系的认识，也有利于推动智慧教育中师生关系的变革。理解这一关系是智慧教育时代师生关系发展的必然。

第三，新增师生携手应对新的电子设备的加入所带来的挑战。电子设备的应用不但使教育加速迈进智慧教育的新时代，而且进一步丰富了原本固有的师生关系这一范畴。虽然各种电子设备的加入使教育迈进智慧教育时代，但同时也对人类教师和学生提出了新的要求和问题，需要他们思考如何更好地满足这些新的要求，解决出现的新问题。虽然其中有些方面，如电子设备的使用与学生视力保护之间的关系等已经为人们所重视，并给出了相应的解决方案，还有些方面虽然已经被人们注意到，但尚未形成有效的解决方案，如学习的碎片化与知识的系统化之间的矛盾等。上述问题，无论其解决方案如何，都既离不开教师的参与，也离不开学生的参与。尤其在未来还可能会有一些教师必须面对和应对的新的工作范畴时，更需要通过对学生的引导来加以解决。师生之间不仅增加了活动内容，而且拓展了师生关系的研究范畴。

总之，智慧教育中的师生关系既是对已往师生关系的延续，也在延续的基础上有了进一步的深化，呈现出诸如互为性更加开放、类型更加多样、叠加性更加多元、关系趋向非结构化、开放性更为丰富、情感性更为重要、复杂性更为突出等新特征。

第四节　智慧教育中人类教师角色的变化

对于智慧教育，特别是未来基于更高水平的双智互促下的智慧教育，不仅师生关系的样态会发生改变，呈现出三主体师生关系样态，而且会对其中的教师[①]和学生等重要的参与者提出一些新的要求。需要说明的是，尽管教师和学生都是双主体师生关系中必不可少的参与者，但从实际情况来看，教师所起的作用相对更大，在师生关系建设中肩负的责任也更重。机器人教师加入后，不仅使师生关系由双主体转变成三主体，重构了师生关系的样态，而且对人类教师提出了一些新的要求。概括起来，这些要求主要有以下三个方面：一是有些要求过去需要由人类教师来完成，未来仍是人类教师不可推卸的职责，但完成的方式、手段等发生了改变；二是有些过去需要由人类教师来完成，未来可以全部交由机器人教师来完成，但需要人类教师做好与机器人教师之间的有机衔接与转换；三是有些过去需要由人类教师来完成，但受当时条件的限制难以完成，或者说难以较好地完成，现在借助机器人教师的帮助，人类教师能够较好甚至更好地完成。所有这些都意味着，智慧教育

① 本节所说的教师，如果没有特别说明，都指人类教师，有别于机器人教师。另外，也有些章节为了便于与机器人教师区别，直接使用了人类教师。

不仅会对人类教师提出新的要求，而且会重构人类教师的角色：一方面，一些原来处于相对边缘地位的人类教师角色在智慧教育中将居于主要地位，使得人类教师的角色在地位上发生根本性的转变；另一方面，一部分原有的人类教师角色虽然得到保留，但随着其内涵的进一步丰富，也对人类教师提出了更高的要求。无论是人类教师角色地位的翻转还是角色内容的深化，都意味着人类教师的角色将发生重大变化，甚至可以说是人类教师职业的新生，是对人类教师原有角色的重构。

为了更好地顺应智慧教育的要求，顺利推进智慧教育实践，有必要基于上述翻转与深化两条路径，进一步从以知识的传播者为主转变为以学生人生的引路人为主、以系统性教学为主转变为以随机性点拨为主、以重复性劳动为主让位于以更具智慧性劳动为主、“教师即研究者”角色的进一步丰富和深化四个方面对人类教师角色重构的情况进行具体的探讨。

一、以知识的传播者为主转变为以学生人生的引路人为主

（一）客观必然性

在相当长的历史时期里，教师一直被视为真理的化身、知识的代言人。在兹纳涅茨基的角色分类框架中，教师被划归在“学者”类型中的“知识的传播者”亚类型中，“他们在普通教育过程中把知识传授给年轻人，为他们未来成为组织社会中的成员作好准备”[①]。按照他的理解，教师是这样的一种知识人：“拥有知识，但不发展知识；是学者，但不从事知识的发现和创造工作；不断获得知识，并把这些知识传递给新生一代。教师作为知识人依赖的是人类已有的知识系统中对儿童社会化有帮助的且为自己所拥有的知识，参与知识的方式是传播知识。”[②]兹纳涅茨基囿于所处时代的局限，对教师作为知识人的一些描述固然失之偏颇，但也大体上对教师作为知识传播者

① 弗·兹纳涅茨基. 知识人的社会角色. 郏斌祥译. 南京：译林出版社，2000：104.

② 金美福. 知识人：教师角色的知识社会学研究视角：知识人的社会角色分类方法及其应用价值. 外国教育研究，2003（4）：19-23.

的角色进行了较为精准的刻画：教学作为教师最为主要的工作方式之一，实际上就是以知识的传授为主。学界对于“教学”的一些定义也进一步佐证了这一点。比如，教学是“以课程内容为中介的师生双方教和学的共同活动。学校实现教育目的的基本途径。特点为通过系统知识、技能的传授与掌握，促进学生身心发展”①。这一定义对教学做了非常中肯且很有见地的总结，在为教师的教学活动提供基本的理论运思和实践关照的同时，也间接表明了教师作为知识传播者的角色及以知识传播为重任的事实。

随着智慧教育的出现，教师的上述经典角色面临重大挑战，并发生根本性转变。这是因为，在未来更高水平的双智互促的智慧教育中，学生将不仅可以通过一些更加智能化的载体或工具来获取知识，而且这种方式还可能变成最主要的教学方式，教师将不再是学生获取知识的主要渠道。一旦教师不再以知识传播作为其主要任务后，那么其工作重心将主要转向对学生在精神层面的引领。“课程知识的传播和指导可以更多地交由在线教育平台来完成，这些教师就可以空出更多的时间来充当好导师这一角色。”②这其实也就意味着，教师作为知识传播者的角色将逐渐被淡化，转向作为学生人生的引路人。

（二）独特性价值

从以知识的传播者为主转变为学生人生引路人为主，不但使得人类教师的工作重心发生了根本性改变，而且这一转变还因有助于对目前教育活动进行纠偏和对传统的教书育人的扬弃而具有重要价值。

1. 对目前教育活动的纠偏

众所周知，教师的根本职责是教书育人，即既要教书，又要育人，通过教书来渗透育人，把育人融入教书之中，把二者有机地结合在一起。赫尔巴特还把其上升到理论的高度，提出了“教学的教育性”理念。在他看来，“我想不到有任何‘无教学的教育’，正如在相反方面，我不承认有任何‘无

① 顾明远. 教育大辞典（增订合编本）. 上海：上海教育出版社，1998：711.

② 霍恩·迈克尔，斯特克·希瑟. 混合式学习：用颠覆式创新推动教育革命. 聂风华，徐铁英译. 北京：机械工业出版社，2016：164-165.

教育的教学'"①。赫尔巴特的这一论断可以说对教师的根本职责进行了更为深刻的阐释，要做到教书与育人两不耽误。无论是教学也好，还是教育也罢，两项任务其实都很艰巨，对教师的素养及其教学活动都提出了更高要求：既需要他们有教育智慧，也需要他们有足够的时间和精力来应对日常教学工作。但在具体的教学实践中，由于教学对象众多、教学工作繁杂等，部分教师往往无力甚至无法兼顾二者，所以他们在实践中往往选择以教书为主，通过教书来带动育人。这种常见的举措虽然可以说是相对明智之举，其实也有无奈之嫌：明智之处在于，通过教书的切入来带动育人，既都有所兼顾，又避免了双线同时作战、压力过大；无奈的是由于有心无力，一些教师存在更偏重于传授知识而弱化甚至轻视育人这一神圣使命的情况。因此，教师工作重心的转变不仅是对教师角色提出的新要求，其实也是对原来实践中所存在的偏离现象的匡正，使其重新回到育人这一根本上来，将育人真正落在实处。

2. 对传统教书育人的扬弃

智慧教育下对传统教书育人的扬弃主要通过两个方面表现出来。

第一，育人成为人类教师最主要的工作任务。这是一种既不同于教书育人并重，也有别于通过教学带动育人的教师工作任务的新格局。在智慧教育中，有关知识的教学工作将主要由机器人教师代替人类教师来完成。这样做虽然使人类教师传播知识的角色逐渐淡化，但客观上使他们有机会重新回到育人这一根本任务上来。在这种情况下，育人将成为智慧教育中人类教师更为主要的、根本的工作任务，人类教师借助智慧教育所提供的诸多便利条件，能够更好地完成这一任务。这既是人类教师职业新特质的必然走向，也是人类教师这一职业回归教育本义的应然结果。

第二，重新建构更加切实有效的育人方式。在智慧教育中，随着教师作为知识传播者的角色逐渐弱化，原来那种通过教学内容的切入来带动育人的方式注定行不通了，必须另辟蹊径，重新建构与智慧教育相适应的育人方

---

① 转引自张焕庭. 西方资产阶级教育论著选. 北京：人民教育出版社，1979：267.

式。同时，教师知识传播者角色的弱化也在客观上为教师开展育人活动提供了更加充分的保障，使他们有足够的时间和精力来更好地设计和组织育人活动，真正做好学生的人生导师，带领学生更好地理解和追求真善美，真正成为学生人生的引路人，开启“以‘人’育‘人’”[①]的新篇章：“教师在传统教育模式下所具有的知识传授、信息收集、数据分析等功能必将被人工智能所取代，所有的指令性‘指导’角色将逐渐削弱直至消失，承担的‘教育’角色（诸如能力培养、价值引领、情感转化、信念确立、德性养成等）将会凸显。”[②]

当然，对于教师角色在这一方面的转变，还需要注意两个方面：一方面，尽管在智慧教育中教师作为知识传播者的角色被淡化，但这并不意味着其作为知识传播者的角色会完全丧失。也就是说，教师仍有一些知识传播的任务需要完成，或者说他们还需要扮演一部分知识传播者的角色。只不过，随着知识传播任务的减少，教师作为知识传播者的角色在逐步淡化，但无论怎样减少和淡化，教师仍需要完成一定的知识传播任务，履行其作为知识传播者的职责。另一方面，教师作为学生人生的引路人这一角色事实上一直都存在，并非未来智慧教育中对教师角色的全新要求。无论是我国古代将教育中的“育”释为“养子使作善也”[③]，还是赫尔巴特关于教学具有教育性的论断，都表明教师除了承担传播知识的任务外，还要成为学生人生的引路人，为他们的精神健康成长保驾护航。“学校的任务不仅是发现人的才能，训练它们和推崇它们。学校的任务尤其要培养性格和态度。”[④]只不过由于各种客观条件和主观认识所限，教师的这一职责在过去没有充分履行。在智慧教育背景下，随着机器人教师的加入，不但使教师能够有足够的时间和精力重新回到“育人”这一根本职责，而且使他们对自己的角色再次得到“澄明”和张扬。

---

① 李栋. 人工智能时代教师专业发展特质的新定位. 中国教育学刊，2018（9）：87-95.

② 苏令银. 论人工智能时代的师生关系. 开放教育研究，2018（2）：23-30.

③ 许慎. 说文解字. 北京：中华书局，1985：491.

④ 联合国教科文组织国际教育委员会. 学会生存：教育世界的今天和明天. 华东师范大学比较教育研究所译. 北京：教育科学出版社，1996：97.

二、以系统性教学为主转变为以随机性点拨为主

（一）时代需要

所谓系统性教学，即教师在教学过程中从知识的系统性出发，遵照由浅入深、由简单到复杂的理路而依次逐渐展开的教学。这种教学方式不但有系统性教学原则作为理论引导，更有课程组织所提供的保障，以及长期教学实践经验总结的支持，故而在当下的教学实践中仍较为盛行。虽然系统性教学有助于保障所教授的知识都是系统的，有助于学生整体地理解和掌握知识，但也存在着针对性不强、对个体差异关注不够等弊端。为了消除这些弊端，人们采取了一系列措施，如在课程设置上开设活动课程、综合性实践活动课程，或者强调教学的生成性、开放性，大力倡导因材施教，等等。虽然这些措施在一定程度上弥补了系统性教学的不足，但系统性教学由于具有较多优点，因此在目前的教学实践中依然占据主导地位。

在未来的智慧教育中，由于学生一些知识的学习将借助于机器人教师来完成，人类教师既没有必要也不大可能独占课堂，自然也就难以像过去那样大规模地开展系统性的教学。对此，有研究者引用美国教育界曾经广泛流传的一句话来道出其中的真谛，“谷歌上能查到的东西不需要在课堂上教”①。这也就意味着，人类教师必然也必须从系统性教学中抽身，并从以系统性教学为主转变为对学生的学习进行更有针对性的随机性点拨。

（二）客观发展趋势

教学从以系统教学为主转变为随机性点拨为主，既有其必然性，也有其必要性。

从必然性方面来说，由于人类教师承担的绝大部分的知识传播的任务被机器人教师代替，使得人类教师能够有时间也有精力进行更有针对性的点拨，进而实施精准教学。客观说来，尽管因材施教的主张很早就被提出，但囿于各种条件的限制，教师只能把主要精力放在知识传授上，对开展大规

---

① 朱永新. 迎接“人机共教”新时代. 中国教育报，2018-03-05（2）.

模、有针对性的指导往往心有余而力不足，只能在力所能及的情况下有所兼顾。在智慧教育中，随着教师工作重心的转移，教师将有足够的时间和精力对学生的学习情况进行更加全面系统的分析，进而做出更有针对性的点拨与指导，从而可以更加精准地提高教学效率①。

从必要性方面来说，不同的学生出现的问题有所不同，所以必须根据实际情况对其分别进行点拨、指导，只有这样才能取得最佳教学效果。在教学实践中，虽然有些时候不同的学生可能会出现相同的问题，但事实上导致问题产生的原因却可能不同：有些属于基础知识掌握得不牢固，有些则是理解知识不够准确，还有些则是粗心大意所致。有些时候，即使一些学生存在的问题相同，而且导致的原因也相同，但是由于学生的基础知识水平、个性特点、学习风格等方面存在着不同，因此教师应采取不同的点拨方式。所有这些不同不但会影响学生对教学内容的理解与掌握，而且会影响教师点拨与指导的效果。这也就意味着，要想通过教学切实解决学生在学习过程中遇到的问题，真正做到学有所获，切实促进学生的成长，就必须根据学生的实际情况进行有针对性的点拨，“分别在不同时间为不同学生提供指导”②。也只有这样，才能更好地实现有针对性的教学，也才能更好地发挥智慧教育中人类教师的作用。

对于人类教师在这个方面的作用，需要注意以下两点。

第一，上述教学中出现的各种教学内容针对性不强的现象早已有之，只不过在过去由于条件有限，人们虽然注意到了这些现象，也提出了诸如因材施教原则、随机访问教学③等设想，并在有限的范围内进行了较有成效的尝试，甚至有些还取得了非常明显的效果，但总体上却由于教师分身乏术、时间所限或普及不广等原因而难以有效地、大规模地得到施行，以至于教学内容针对性不强这一现象并没有从根本上得到改变。在未来的智慧教育中，机器人教师可以代替人类教师完成相当一部分的知识传授的重任，从而使他们

① 辛继湘. 当教学遇上人工智能：机遇、挑战与应对. 课程·教材·教法，2018（9）：62-67.

② 丁念金. 重建教学体系：一种必然. 湖南师范大学教育科学学报，2015（1）：51-57.

③ 高文. 认知弹性理论、超文本与随机通达教学——一种折中的建构主义学习与教学理论. 外国教育资料，1998（6）：1-4.

能抽出身来专门进行更具针对性的点拨，从而能够切实提高教学的针对性。

第二，随机性点拨是就其教学的整个过程或教学的发生而言的，并不意味着教师在其具体指导时不考虑知识的系统性。因此，随机性点拨本质上只是教学过程上的随机，而非知识内容上的随意。教师在进行随机性的点拨时，仍然要注意知识本身的系统性。而且，他们对知识的系统性考虑得越全面、深入，对学生的随机性指导的针对性就越强，随机性指导的效果越佳。否则，很容易由于指导得不系统而出现知识的碎片化，影响点拨的效果，使点拨缺乏针对性，而成为随意的、盲目的乱点拨。

三、以重复性劳动为主让位于以更具智慧性劳动为主

（一）理论阐释

众所周知，教学本身具有重复性。这种重复性既表现为教学过程上的重复（即相同或相似的过程连续不断地上演），也表现为教学内容上的重复（即教学内容在一轮又一轮更迭中不断地再现）。对于这种重复性，有些时候人们也将其理解为教学过程的周期性，即周而复始地进行同样的活动或重复相同的内容，只不过有些教学活动的周期性长一些，有些教学活动的周期性短一些罢了。需要说明的是，尽管教学在客观上具有重复性或周期性，但这主要是从其形式上而言的。事实上，无论是具体的教学场景还是教学对象等，都不应该只是简单地重复和再现。因此，教师的工作并不存在完全的重复性。这也就意味着，教学的周期性只能是形式上的周期性。

客观说来，所有的人类活动都具有重复性，而且很多重复是必需的、有价值的。教学也不例外，其中的一些重复也同样是必须的、有价值的。与此同时，不得不承认有些重复的价值并不高，没有能够取得预期的效果，有些甚至还产生了诸多负面效应，比如从教师方面来说，会导致教师教学热情消退，职业倦怠感增强："对于许多教师而言……一切都那么平淡而又得心应手，一切都在自在自发并周而复始地运行。生命的灵动与活力在这种扁平化的职业生活中逐渐隐退，取而代之的是沉闷与僵化，并在日复一日、年复一

年的重复生活中逐渐沉沦。”[①]从学生方面来说，有些重复会导致学生的学业负担过重，学习压力过大，使学生产生学习抵触情绪等不良反应。[②]对于这些负面效应，虽然一些有识之士早就关注到了，并从实践和理论两个层面分别予以描述和剖析，但一直没有找到更好的办法来彻底解决，而只能力图暂时性地缓解。

在智慧教育中，机器人教师的参与及一些设备的使用不但可以使人类教师从这些繁重的重复性劳动中解放出来，投入到更有智慧性的劳动中，从而为上述负面效应的缓解乃至消除提供有力的保障。对此，有研究者就非常深刻地指出，“人工智能可以取代教师某项单一的技能，完成批改作业等日常工作中烦琐、机械性的工作，把老师从重复性、机械性的事务中解放出来”[③]。

（二）实践剖析

为了更好地反映智慧教育下人类教师从重复性劳动为主让位于以更具智慧性的劳动为主，这里仅以作业批改这一司空见惯的重复性劳动的存在及化解为例来进行说明。

教师批改作业的重复性主要表现在两个方面：一是日常化的重复，即几乎每天都会有各种各样的作业要去批改；二是流程上的重复，每次作业批改至少要重复几十遍，甚至上百遍。客观来说，作业对于巩固知识有着不可替代的作用，特别是及时性练习的效果更加明显。“掌握学习”模式之所以能够取得可以使 80%的学生达到平常只有 20%的学生能够达到的水平[④]，关键就在于其能够为学生提供必要且有针对性的及时练习。正是作业对学习的不可替代价值，不仅使得作业的布置及其批改成为整个教学活动中非常重要的组成部分，还使得教师批改作业这样的重复性活动成为必然。

---

① 谌安荣，张传燧. 教师职业生活：蕴涵、异化与回归——基于文化哲学的视角. 大学教育科学，2013（3）：70-75.

② 一方面，尽管导致学生学业负担过重的原因有很多，但不可否认过多的重复性作业是其中的“原凶”之一。而且，从某种意义上来说，这也许是最为重要的原因之一。另一方面，由于这并非此处要着重谈及的内容，故存而不论，不再进行展开说明。

③ 余胜泉. 人工智能教师的未来角色. 开放教育研究，2018（2）：16-28.

④ 翁定军. 掌握学习理论述评. 心理发展与教育，1987（2）：33-38.

班级授课制在扩大教学对象、提高教学效益的同时，进一步增强了教师作业批改的重复性。随着教学对象的扩大，不但会增加教师批改作业的总量，而且会增加他们重复批改作业的次数。由于作业批改在一定程度上有助于教师了解学生的学习情况，所以很多学校还进一步从制度上对教师的作业批改工作提出了一些更为严格的刚性要求。这不但使教师深陷作业批改的困境中不能自拔，而且使其很难根据学生的作业情况开展有针对性的指导。这也就意味着，大量的重复性的作业批改活动并没有收到预期效果，有些时候甚至还适得其反。

在智慧教育中，机器人教师不但能代替人类教师进行知识传播，而且还能代替教师完成作业批改任务，甚至能完成出题、组题等大量烦琐耗时的事务性工作。人类教师可以从这些大量简单的重复性劳动中解放出来，能够有时间和精力去进一步深入地思考和改进教学，从而使教学以重复性的劳动为主转变为以更具智慧性的劳动为主。对此，北京师范大学余胜泉教授在接受相关采访时就非常明确地指出，“教师可以根据知识图谱任意选择考查知识点，由计算机自动出题，并进行自动批阅，大大降低教师的工作负荷”[①]。

四、“教师即研究者”角色的进一步丰富和深化

20 世纪 70 年代，英国课程专家斯滕豪斯提出“教师即研究者”的论断。随着教育改革的深入，该观点逐渐为广大中小学教师所认同，并自觉地在教学实践中努力去践行。广大教师不仅在实践中大胆地尝试和开展诸如校本教研、课例研究等各种基于“教师即研究者”论断下的教学研究活动，而且进一步推陈出新，探索出多种新型的教学研究方式。同时，在教学实践中也涌现出了像霍懋征、于漪、魏书生、李吉林等一大批积极进行教学研究和探索教育实践的优秀教育工作者。所有这些都意味着“教师即研究者”既是对教师的角色提出的新要求，也需要教师在实践中将其进一步落实和深化。

---

① 转引自王晓波. 迈向教师与人工智能协作的未来教育时代. 中小学信息技术教育，2018（1）：10-12.

在未来更高水平的智慧教育中，教师作为研究者的角色不但将得到保留，而且将进一步丰富和深化。

（一）“教师即研究者”角色的进一步丰富

目前，“教师即研究者”的观念虽已逐渐深入人心，为广大教师所认同并自觉去践行，但客观上由于繁重的重复性劳动及部分教师研究素养不高，他们对“教师即研究者”这一角色的理解还相对单一，因此其研究范畴主要集中于怎样更好地去教。对于教师而言，教学既是天职，也是最为根本的工作。因此，思考教、研究教无可厚非，理应得到鼓励。但需要警惕的是，一些教师过度关注细枝末节，将“教师即研究者”窄化为仅仅去研究如何更加具体地教。如果教师只是具体地研究怎样教，而不在更加广泛、系统的层面上去思考各种与教有关的问题，比如对教育的理解、对学生更多维度的认识，以及对文化的认同等，那么其对教的研究就不会太深刻，提升教学水平的空间也会受到限制。这是因为“教师行为可以看成是他所信奉的教育信念的一种投射”①。如果缺乏相应的教育理念或信念作为支撑，那么教师对教学所做的努力往往流于形式、止于肤浅，不但教学对学生难以产生长效、深远影响，而且很容易因教学客观上具有的周期性重复而产生教学倦怠。不排除其中有少数教师能够摆脱上述困境，从这样的误区中走出来，但从总体上来说，这一比例较低，可谓凤毛麟角。也正因如此，其中的这部分教师，如霍懋征、于漪、李吉林、魏书生等更显弥足珍贵，为人们所称颂和学习。

未来更高水平的智慧教育不但使教师能够从大量重复性劳动中解放出来，而且对他们提出了更高的要求，即必须进一步拓宽其作为研究者角色的范畴，从传统的以教为主的研究拓展到智慧教育下以学为主的研究，将对教的研究与对学的研究统一起来，以期在深刻理解教育规律的基础上更好地适应智慧教育的要求。当然，在此过程中，人类教师还要研究如何与机器人教师更好地协作，以充分发挥两类教师的作用，使教学活动顺利开展。

概括起来，无论是根据现有的教师教学研究开展的情况，还是为了适应

① 朱宏福. 论教师的教育信念及其培养. 现代大学教育，2004（2）：37-39.

智慧教育的要求，都意味着“教师即研究者”的角色会进一步丰富。只有这样，才能更好地体现“教师即研究者”的价值，教师才能更好地做好教学工作，并推动教育的革新。

（二）“教师即研究者”角色的进一步深化

对于“教师即研究者”角色，除了拓宽教师的研究范畴、丰富研究内容外，还包括对已有研究在认识上的进一步深化。客观说来，无论是职前培养还是职中实践、职后培训，都增强了教师对教学的认识和判断，这些认识和判断为他们开展教学提供了非常重要的理论支撑。但也不得不承认，还有相当一部分教师对于这些理论支撑的认识仍然不够深入，所学理论未能充分发挥应有的作用，以至于对其教学实践的影响还不够大，对其教学改革的推动还不够有力。这固然与理论过于抽象概括、对一些具体复杂的教学实践的阐释不够有关，但也与教师对理论向实践的加工和转化的深入程度不够有关。对此，这里仅以实践中的两种比较常见的现象为例进行说明。在实践中，很多教师知道学生学习时要认真，并不断地提出诸如认真学习、端正学习态度等要求。但是，对于究竟怎样来衡量认真，或者说认真的标准是什么等问题，不仅很多学生很迷惘，其实很多时候，部分教师也不一定能做到心中有数。再比如，教师会经常告诫个别学生最近在学习上有些松懈或懈怠。虽然教师有自己的判断标准，如学生听讲时的精神状态、完成作业的质量、讨论时的活跃程度等，但往往教师只告诉学生判断的结论，并不告诉其得出结论的根据和判断的标准，也很少告诉学生具体改进的方法。基于教师对自身职业的认同而言，很多时候并不是教师不愿意告诉学生其日常表现及具体问题所在，而是教师自己可能没有意识到应该告诉学生这些，甚至可能自己也不知道到底该怎样做。至于这些要求或告诫能否达到预期效果，在很大程度上要靠学生自己的揣摩和尝试。如果揣摩和尝试成功，则卓有成效；否则轻则依然如故，重则可能进一步恶化。从教育实践来看，后者比前者可能更普遍。因此，为了避免类似情况的再次发生，很有必要通过对“教师即研究者”这一角色的深化来进行化解。具体说来，就是教师要进一步深入思考怎样把这些宽泛的、原则性的要求具体化、可视化，通过精细化的描述和指导来实现更加精准的施教。这也就意味着，智慧教育在为教师减轻一些烦琐、重复性劳动的同时，对教师提出了更高的要求，机器人教师的加入能够为他们开展精准化教学提供无限可能。特别是在当前及未来的智慧教育中，很多设备都会保留学生各种学习活动的数据。这些海量的真实的数据不仅为教师的研究活动提供了充足的研究资源和坚实的研究基础，有助于其开展深入的有针对性研究，同时有助于“教师即研究者”这一角色的进一步深化。其实，如何利用这些海量的数据解读出教育的契机，本身也是对“教师即研究者”所蕴含的了解学生这一要求的进一步深化。

总而言之，智慧教育既对人类教师的工作提出了新的挑战，也给人类教师角色的变化带来了新的生机：一方面，人类教师的部分角色会向另一维度转化，他们将更加专注于“育人”这一根本职责；另一方面，人类教师的部分角色会得到进一步的丰富和深化，通过对教学更加深入的思考和改进以最大限度地优化教学效果。无论从哪个方面来讲，都意味着人类教师的角色不再与原有的角色相同，是对教师角色的重构。这既是智慧教育对人类教师角色的必然要求，也是智慧教育中教学实践的必然走向。

第五章

智慧教育中师生关系的建设

对于智慧教育来说，有诸多方面需要给予高度关注，有待深入探讨，本章围绕师生关系建设这一方面展开。即使单就师生关系的建设而言，同样会涉及非常丰富的内容，如对智慧教育的整体判断、智慧教育实践的具体运行、智慧教育实践对相关主体的要求等。这些内容不仅将影响智慧教育中师生关系的建设，而且将影响智慧教育的未来发展。对于如此宏大的问题，本书目前还难以做到面面俱到，所以这里选择从智慧教育素养这一视角出发，对智慧教育的三类主体（即人类教师、学生和机器人教师）各自应该具备的智慧教育素养，以及智慧教育下师生关系建设进行尝试性探讨。

第一节　提升教师的智慧教育素养

尽管前文已经在一定程度上涉及智慧教育对人类教师的智慧教育素养方面的要求，但只是宏观地从四个方面进行了简略分析，并没有做深入分析。从智慧教育中师生关系的建设以及智慧教育对人类教师素养的要求来看，还应在前述分析的基础上进一步从两个方面进行更为深入的思考：一是智慧教育中人类教师应该具有哪些方面的素养；二是人类教师怎样才能更好地获得这些方面的素养。这两个方面的思考表面上关涉对教师智慧教育的认识和获得，实际上则关涉教师智慧素养的提升。

一、教师智慧教育素养提升的总体表现

如前所述，不仅从广义层面对智慧教育的探讨早已有之，而且有研究者已经对教师的智慧教育素养进行了相关探讨。一方面，这些探讨都与当时的智慧教育相关，并在很大程度上满足了当时的需要，推动了当时的智慧教育的发展；另一方面，随着时代的发展，智慧教育自身也在不断地向前发展，并对教师的智慧教育素养提出了新的要求。因此，对于教师的智慧教育素养的把握既应看到继承性，又要看到发展性。前者可谓教师的智慧教育素养中历久弥坚而又相通的一面，后者则是教师的智慧教育素养不断推陈出新的一面。对当前及今后一段时期教师智慧教育素养的把握应当从同与异两个方面出发，遵循同中取异的理路来展开。如果进一步从整体构成与具体要求上来看，就可以做出更为清晰的判断：一方面，从整体构成成分来看，无论是过去，还是现在及未来，教师的智慧教育素养结构不大可能发生根本性改变，

仍主要由教师的职业道德、职业知识和职业能力三个方面构成；另一方面，从具体要求上来看，随着时间的推移和条件的改变，每个方面的具体表征又会呈现相对明显的区别。由于这里主要着眼于今后及未来一段时间教师的智慧教育素养，所以接下来将以此为依据，主要从区别方面来进行探讨。此外，对教师的智慧教育素养的要求总体上是沿着不断提升的态势发展的。通过进一步的深入分析可以发现，这种发展态势又表现为更高要求与新增要求两种不同的情况。下面就从更高和新增两个层面分别对今后一段时间教师的智慧教育素养的要求进行阐释。

（一）对教师的智慧教育素养在更高层面的要求

所谓更高层面的要求，意味着这些要求其实原来已有，只不过随着智慧教育的发展，又提出了更高的要求。由于教师的智慧教育素养的丰富性和复杂性，因此对于这一层面的要求可以从不同的视角来进行探讨。这里从教师职业道德、教师职业知识和教师职业能力三个方面的变化来进行探讨。之所以选择这三个方面，一是因为这三个方面是教师智慧教育素养的经典组成部分；二是因为这三个方面确确实实在不断地发生变化，虽然其中一些方面在特定历史时期变化得更为突出，一些方面的变化可能没有那么突出，但总体来看，仍然以发展变化为主。下面就通过对这三个方面变化的分析来探讨教师智慧教育素养要求上的变化。

1. 教师职业道德及变化

教师职业道德，又称“教师道德”或“师德”，是指教师在教学活动过程中应当遵循的，用以调节教师职业工作中教师与学生、教师与集体、教师与社会等关系的道德规范和行为准则的总称。[①]尽管学界对教师职业道德行为的具体内容存在不同看法，但都认为教师职业道德作为上述道德规范和行为准则的总称，相互间既有一致性，也有一定的变化性。对此，有研究者进一步从“社会人”“职业人”“专业人”三个层面进行分析后指出，“基于教

---

① 檀传宝. 教师职业道德. 北京：北京师范大学出版社，2015：13.

师职业从‘无’到‘有’到‘专业’的历史发展进程，教师道德多层次发展具有其内在的历史统一性，三大范畴的教师道德之间具有内在的一致性、前后的继承性以及相应的突破性。在不同的发展阶段，不同的社会对于教师道德发展具有不同的外在规范与要求，而教师个体对于外在的道德规范也具有不同的理解与建构；从而在教师道德发展的不同阶段基于传统的道德规范其也发展出不同的特质，教师道德发展具有其历史性的多层次性。但各阶段的教师道德发展之间并非断裂，而是处于历史发展的连续性进程之中，具有内在的一致性与前后的继承性”①。这也就意味着，在未来智慧教育中，不仅要求教师具有职业道德，而且还提出了更高的要求，并随着智慧教育的发展发生相应的变化和调整。这些变化和调整既使教师职业道德要求随着社会和智慧教育的发展而变化，同时也意味着社会和智慧教育发展对教师职业道德提出更高的要求。

2. 教师职业知识及变化

所谓教师职业知识，即教师这一职业所应具备的在知识方面的要求。在智慧教育中，教师职业知识也存在着与教师职业道德一样的情况：一方面，部分教师职业知识会继续延续和保留下来；另一方面，随着社会的变化和智慧教育的发展，对教师职业知识的要求也同样会不断地变化和发展。对此，从教师职业知识博与专之间关系的变化不仅可以进行更为清晰的呈现，而且可以更为直观地反映教师职业知识演进的总体态势。伴随着整个人类知识的不断增长，教师职业知识呈现两个方面的改变：一方面，对教师应具备职业知识的广泛性提出了更多要求，即要求教师不断地扩充职业知识的范畴；另一方面，对教师职业知识的专门化方面提出了更高的要求，越来越关注专与博关系的调整。总体来看，教师职业知识在最初主要是以博为主，以专为辅，以博支专。随着知识的不断丰富以及社会发展对教育的要求越来越高，人们对教师职业知识方面的要求也不断提高，教师职业知识进一步演变成以

① 王素月，罗生全，赵正. 教师道德的多层次发展逻辑及其结构模型. 教育研究，2019（10）：143-152.

博为基、博专并重的格局，进而在两者并重的基础上各自进行相应的扩充，并在扩充的过程中逐渐重构双方之间的关系：随着智慧教育的发展，不仅博与专之间的关系在不断变化，而且博与专的内容也在不断丰富，甚至在博的基础上进一步突出专，不断提高专的程度。这些都意味着，对教师在职业知识方面的要求随着智慧教育的发展而不断提高。教师职业知识博与专关系的演进脉络，如图 5-1 所示。

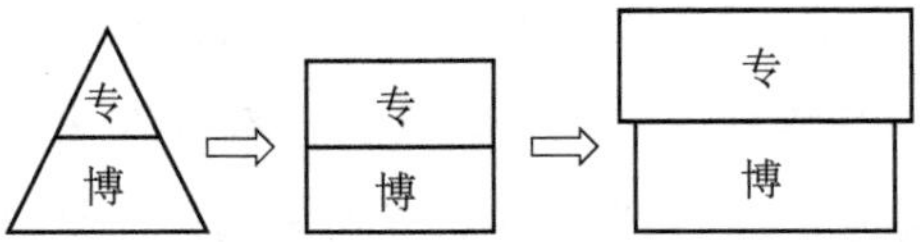

图 5-1 博与专视角下教师职业知识结构的变化

3. 教师职业能力及变化

教师职业能力是其进行教学的必备条件，也是优化教学效果的重要支撑。也正因如此，人们一直很重视教师职业能力，并且对其要求也不断提高。对此，一方面，有研究者从宏观层面指出，“通览古今，尽管随着世代更迭，教育家们的教育观各有不同；但在重视教师的教育能力这一点上，却是‘英雄所见略同’的”[①]；另一方面，也有研究者从教育本身的变化对从业人员要求的提高、社会期望转嫁于教师、教育变革重新诠释“好教师”的标准[②]等方面分析了社会对教师职业能力要求不断提升的原因。

事实上，相对于教师职业道德、教师职业知识方面的变化，教师职业能力方面的变化或许更为迅猛一些。特别是随着信息化时代或者说数字化时代的到来，其迅猛发展的态势日益明显。

有研究者将对教师的各项职业要求称为教师的职业素养，并提出教师的职业素养由学科素养、教育素养和社会素养三个方面组成，认为三者缺一不可、不可偏废。同时，还根据当前学校教育的实际，对教师的社会素养及其重要性进行了分析，认为 “教师应当具备的对于传统、社会、国家、民族、人类未来等的观点、态度和价值观统称为‘教师的社会素养’。教师的

① 罗树华，李洪珍. 教师能力学. 修订本. 济南：山东教育出版社，2000：22.

② 王建军. 课程变革与教师专业发展. 成都：四川教育出版社，2004：52-64.

社会素养是与‘教师的学科素养’‘教师的教育素养’等专业素养相区别而存在的，但同时又是对学科素养的扩展与对教育素养的补充”[①]。“如果一个教师缺乏基本的社会素养，在社会问题的认识上很幼稚，那么，他根本不能回答学生成长中有关社会问题的关切，也不能引导学生的思想意识、理想信念向着社会进步的方向发展。如果一个教师的社会素养有问题，面对复杂的社会现象和社会问题，站在了落后的、消极的甚至完全错误的立场，那么，他不仅不能完成教书育人、立德树人的重任，甚至还有将学生引向错误人生道路的危险。只有当教师具备了较好的社会素养，对社会现实有比较正确的认知，对社会的发展进步抱有坚定信心，对推动社会发展进步满怀希望，才能够点燃学生学习和发展的热情，真正成为学生健康成长的好老师、引路人与‘大先生’。”[②]由上述三个方面组成的教师职业素养，不仅在架构上有别于经典的关于教师的职业道德、职业知识和职业能力等方面的分析，而且从另一个视角表明对教师职业素养要求上的提高，是在更高层面的要求。

（二）对教师的智慧教育素养在新增层面的要求

智慧教育不仅对教师的智慧教育素养提出了一些如上所述的更高层面的要求，而且随着时代的发展，不同时期或不同形态的智慧教育对教师提出不同的要求。需要说明的是，由于教师职业素养的发展性、丰富性、复杂性，所以到底哪些是更高层面的要求，哪些是新增层面的要求并不太容易区分。这也就意味着，有些新增的要求属于提高层面的新增，是在原有基础上提出了更高的要求，有些则是随着社会发展和教育自身的变化而提出的全新的要求，是在教师原来已有素养范畴之外的新增。客观说来，教师智慧教育素养的变化也同样存在着从量的积累到质的飞跃这一发展规律，所以这些变化了的素养要求到底是在提高层面上丰富而带来的新增，还是全新的新增在很多时候并不容易做出准确的区分。从某种意义上来说，所有全新的新增也只是在刚刚开始的时候才能算是真正意义上的新增。这是因为，此前这些要求并

① 石中英. 简论教师的社会素养及其培育. 安徽教育科研，2018（1）：1-4.
② 石中英. 谈谈教师的社会素养. 北京教育（普教版），2017（10）：22-23.

未引起人们的关注，没有作为要求的对象或范畴来对待，所以才可以被视为完全真正意义上的新增。一旦这些要求引起广泛的关注，进而在此基础上提出一些完善性的、改进性的要求的时候，就变成了提高层面的新增。这在教师职业素养中职业能力方面表现得尤为明显。当然，对于教师职业能力而言，有些属于同一时期由于认识的深入而做出的完善性提高，还有些则是随着条件的改变而做出的丰富性增加。也正因如此，在上述提高层面的分析中，本书只是简要地涉及教师职业能力方面的一些变化，没有对这些变化进行过多分析。之所以这样处理，很大程度上是因为这些变化到底是提高的要求还是新增的要求不大容易区分，不如放在新增这个地方来进行统一处理，以免发生混淆。

基于上述思考，下面就以教师职业能力中一些方面的变化来说明智慧教育对教师职业素养的一些新增要求。由于教师的职业能力涉及的范畴非常广泛，这里不可能对所有涉及的方面逐一进行分析。因此，这里着重以基于技术支撑视角下的智慧教育中的教育信息化应用能力为例来进行分析，以期能达到管中窥豹的效果。在对智慧教育中教师职业能力要求的变化进行分析之前，首先需要说明的是，这里所说的教育信息化是在一些研究的基础上①，从较为宽泛的层面对包括各种电子技术手段应用在内的所有发展阶段做整体上的把握，而不是局限于某种具体的相应技术应用下的分析。

正如前文指出的，一些科技发明成果出来之后虽然能够迅速地在教育中得到了应用，如电影技术的发展及其在教育中的应用，但同时也对相关人员提出了相应的能力上的要求。一些电子技术作为科技前沿成果的转化，不要说非专业人士对其了解不够，就连某些专业人士在刚开始的时候也不一定能够非常熟练地使用它们。与之相关的电子设备一方面是由多个硬件构成的，另一方面其应用不仅涉及一系列相应的软件的应用，还必须将其置于特定的运行环境中才能正常运转。这也就意味着，三者中的任何一个方面出了问题，都会影响到这些设备的正常使用。事实上，在很多时候，人们很难准确

① 任友群，万昆，赵健. 推进教育信息化 2.0 需要处理好十个关系. 现代远程教育研究，2018（6）：3-11.

地判断到底是三者中的哪个方面出了问题，自然也就难以提出有针对性的解决方案。更为棘手的是，很多时候三者交织在一起，形成错综复杂的关系，使人难以在短时间内做出恰当的判断和提供切实可行的解决方案。专业人员尚且如此，对于几乎没有相应专业基础的人来说，这些电子技术更是让他们望而生畏。为了提升教师的信息化素养，一轮一轮关于教师信息化应用能力培养及提升的要求和举措被提出和实施。对于这些要求和举措，尽管从总体上来看都是针对培养教师信息化应用能力，并且很多时候使用类似的措辞，但这些措辞所表征的不同阶段的实际要求并不完全相同。为了说明这一点，这里就以 20 世纪末以来三个不同时期关于教师教育信息化素养的分析及其要求为例来进行说明：20 世纪 90 年代中期，有研究者在分析影响计算机辅助课堂教学效果的因素时指出，“计算机辅助教学搞了 30 多年，收效甚微，其中一条重要的原因是教师培训工作做得不够……教师因素包括有教师的积极性、计算机应用水平和教学方法等”①。这里的“计算机应用水平”其实从宽泛的意义上也就是今天所说的教育信息化应用能力。相对于此前强调教师对幻灯机、投影仪、录音机、录像机等方面的操作来说，计算机应用水平不仅对教师操作能力的要求提高了，而且在应用能力范畴上也拓展了，即新增了计算机方面的使用要求，故它是一种新增的要求。21 世纪初，随着互联网的发展及其逐渐普及，教育信息化进程不断加快，对教师提出了相应的要求：依然认为对在职教师进行信息技术教育的普及培训是“一项艰巨而长期的任务。做好对绝大部分教师信息技术教育的全员普及培训，不仅关系到信息技术与其他学科教学的整合效果，也关系到学校各学科媒体素材资源、网络课程资源的数字化建设”②。在此基础上，有研究者指出对在职教师进行全员普及培训的重点内容。这些内容与此前关于计算机使用方面的培训可以说是亦旧亦新：“旧”是指仍然基于计算机这一教育信息化手段，“新”则意味着此时的计算机已经不再是单个的计算机或者是带有一定控制性的计算

① 刘儒德. 影响计算机辅助课堂教学效果的因素. 中国电化教育，1997（3）：4-9.

② 刘晖. 展望世纪教育 纵议热点问题（下）：谈在学校教育信息化建设中的若干问题. 电化教育研究，2001（10）：17-21.

机教室，而是由计算机通过网络而形成的更为开放的网络空间。最近一段时期，特别是随着教育信息化 2.0 时代的到来，对教师的教育信息化应用能力提出了一些更高的要求，需要教师具备相应的数字胜任力，“要大力开展教师信息素养提升活动。将数字胜任力提升贯穿教师培养全过程，适应大数据时代教育变革的需要”①。虽然教育信息化 2.0 非此前单纯的教育信息化，但却难以脱离教育信息化的“基因”。这也就意味着，教育信息化 2.0 对教师职业能力的要求既有与此前教育信息化相一致的要求，同时也有一些非常明显的新增要求，比如对一些新增的相关技术手段、使用环境等方面的要求。

二、教师智慧教育素养提升框架

教师智慧教育素养提升框架，即将上述提升要求转化为现实的操作所提出的整个指导性建议体系。客观说来，无论是提高的要求还是新增的要求，如果缺少相应的指导性建议，不仅影响教师智慧教育素养的提升，而且影响智慧教育自身的发展。

对于教师智慧教育素养提升框架，这里从提升原则与提升策略两个方面进行探讨。

（一）提升原则

所谓提升原则，即教师智慧教育素养提升中应遵照的基本要求。概括起来，这些要求主要体现在以下三个方面。

1. 全方位提升

所谓全方位，即涉及教师智慧教育素养的各个方面都要包含在内，不能有任何遗漏。当然，对于各个方面具体涉及的内容，不同研究者对具体指涉的范畴存在着不同的认识。这里不对这些研究所指称的范畴的情况进行分析，只是遵照学界所达成的共识，把教师的智慧教育素养概括为教师职业道德、教师职业知识和教师职业能力三个方面。因此，所谓全方位提升，也就

① 周洪宇. 迈向新时代教育信息化发展新阶段. 中国教育学刊，2020（10）：卷首语.

意味着这些方面都应包括在内，缺一不可。如果缺少了其中任何一个方面，都意味着教师的智慧教育素养的发展是不完整的、不充分的。根据“木桶理论”，即最终结果不取决于木桶最高的那块板，而由木桶最低的那块板决定，智慧教育最终也是由教师智慧教育素养中最低的那个方面来决定的。因此，对于教师的智慧教育素养的提升而言，首先要确保各方面都能够得到较为均衡的发展；否则，其中任何一个方面如果存在着发展上的短板，就会影响智慧教育活动中相关方面的发展，进而影响整个智慧教育实践。

2. 有侧重提升

对于教师智慧教育素养来说，尽管全方位提升要求不能忽视或轻视其中任何一个方面，但这并不意味着在具体的提升实践活动中要在同一时间对所有涉及的方面给予相同的关注。这样的话，只会使教师智慧教育素养提升陷入简单的平均主义，同样会影响智慧教育实践。因此，对教师智慧教育素养的提升还要在全方位提升的基础上，进一步根据实际情况，如教师在不同发展阶段的需要、不同时期教育的特殊要求以及教师的实际工作环境等，做出更有针对性的安排，要有所侧重，而非简单地平均化。

对于这一原则，这里仅以 2022 年 4 月教育部印发的《义务教育课程方案和课程标准（2022 年版）》（以下简称“新课程方案”）中部分相关要求为例进行说明。“新课程方案”一方面延续了此前课程改革方案中已有的成功的经验或做法，另一方面也提出了一些新要求。这些新要求既是“新课程方案”中突出的亮点，也是当前及今后一段时间义务教育阶段课程改革能否走深走实以及推进智慧教育的关键所在。这也就意味着，如何落实这些新要求不仅事关“新课程方案”的落实，也决定着智慧教育的发展。正因如此，《教育部关于印发义务教育课程方案和课程标准（2022 年版）的通知》专门提出近期针对包括广大教师在内的相关人员开展一系列相应的培训，“有计划、有步骤地组织开展培训，多种形式强化课程改革理念和改革总体要求的研修交流，实现校长、教师及教科研人员、教育行政人员全覆盖”。这只是结合当前实际来说明教师智慧教育素养进行有侧重提升的一个表现。在整个教育实践中，有侧重的提升可谓比比皆是，不过由于具体情况不同，类型、规模或要求的侧重也各不相同。

3. 常态化提升

虽然从总体来看，在相对较长的周期里，教育似乎变化不大，但事实上并非如此，很多时候其实存在着巨大改变，而且这些改变往往会作用于教师，并对其智慧教育素养提出相应的要求。无论教师智慧教育素养提升是在现有要求基础上的更高水准的要求，还是新增要求，都意味着教师智慧教育素养的提升是一项常态化活动，是经常进行的一项常规活动。

当然，常态化提升与全方位提升二者既有关联，亦有区别。从关联方面来看，二者不仅都指向教师的智慧教育素养，而且范畴上大体相同。从区别方面来看，全方位提升重在范畴上的规定，要求各方面都有所提升，不能出现教师智慧教育素养“跛足”的现象；常态化提升重在持续性，意味着教师智慧教育素养的提升是一个持续不断的发展过程。

（二）提升策略

教师智慧教育素养的获得既离不开职前的系统培养，也离不开职中的实践反思，是外在要求与内在动力的有机结合，是理论学习与实践应用的有机结合。因此，教师智慧教育素养提升可从以下三个方面来着手。

1. 职前培养的前瞻性

职前培养是包括教师智慧教育素养在内的各种素养获得的重要途径。对于其重要性，相关研究中已多有表述，这里不再重复。这里仅从教师智慧教育素养的角度对职前培养的前瞻性进行探讨。客观说来，教育活动是为未来培养人才的活动。对此，早有研究专门进行了探讨。比如，斯宾塞在 19 世纪早期就已经明确地将教育定位于为未来过美好生活的预备。对于这种“预备说”，杜威尽管进行了批判，但在批判之余还进行了必要的“辩护”，认为“把教育看作为将来作预备，错误不在强调为未来的需要作预备，而在把预备将来作为现在努力的主要动力，为不断发展的生活作预备的需要是巨大的”[①]。20 世纪 70 年代，《学会生存：教育世界的今天和明天》明确地将“为未来做准备”视为未来教育发展走向的三个“第一次”[②]之一，认为“现在，教育在历史上第一次为一个尚未存在的社会培养着新人”[③]。当然，这些都是从整体层面就教育与未来社会关系展开的前瞻性的描述。具体到教师的培养，虽然学界认识到前瞻性的重要性，并做了一些相应的探讨，但客观上由于事物的发展走向本身难以把握，特别是教师职前培养的前瞻性更难以把握，对教师职前培养的前瞻性重视程度还不够，亟待进一步提高。当然，无论前瞻性如何难以把握，都不应该成为放弃前瞻性的理由。

当然，对于教师职前培养前瞻性具体涉及的内容，一方面必须基于当前社会的现状与今后的发展趋势进行相对准确的把握和预判，另一方面还需要随着时代的发展而不断地对其进行优化和调整。2022 年 11 月，教育部发布《教师数字素养》，该文件将教师数字素养划分为数字化意识、数字技术知识与技能、数字化应用、数字社会责任、专业发展五个维度，每个维度下又包括若干二级和三级维度。因此，从职前培养前瞻性的角度而言，如果说在此前要把数据素养列为其中的重要内容之一，那么今后则要将数字素养列为其中的重要内容。否则，不仅会影响准教师的培养质量，而且会影响未来教育活动的顺利进行，影响未来智慧教育的发展，乃至影响到未来的教育质量。

2. 职中培训的针对性

对于教师的智慧教育素养，不仅要在职前培养这一源头上做好具有前瞻性的统筹规划，而且要在教育实践中加强职中培训的针对性。客观说来，具有前瞻性的举措能够为未来的准教师具备的智慧教育素养打下较为坚实的基础，但由于社会在不断地快速发展，以及教师的职业生涯周期相对较长，很多时候人们很难做出准确的前瞻性职前培养规划，更多的是在方向上进行引领和提供最为基础的保障。比如，虽然 20 世纪中期以来教育活动中就开始

① 约翰·杜威. 民主主义与教育. 王承绪译. 北京：人民教育出版社，2001：65.
② 另外两个，分别是教育的发展先于经济的发展和拒绝制度化的教育成果。
③ 联合国教科文组织国际教育发展委员会. 学会生存：教育世界的今天和明天. 华东师范大学比较教育研究所译. 北京：教育科学出版社，1996：36.

采用现代化教学工具，也在对教师开展相应的现代化教学手段应用方面的培养，但无论准备得如何充分，恐怕也很难想象到元宇宙[①]将来有一天可能真的在教育实践中得到普及化应用。

对于教师的智慧教育素养，在职前培养阶段安排了很多实践性环节，并尽量使理论与实践紧密结合。从总体上来说，一方面，这些实践环节有利于增强他们在理论学习时的感悟和体验，但因为这些实践环节并不是教师完全日常化的教育实践，即使在实习阶段会有一些完全日常化的教育实践活动，一则有指导教师的指导，二则整个过程持续时间相对较短，所以对准教师来说，也主要以理论性学习为主。既然是理论性学习，由于理论本身追求的是相对的公共性、普遍性，自然就与教育实践的丰富性、多样性有所不同。另一方面，随着社会的发展，不仅教育实践的重心会不断地发生调整，而且会出现一些过去未曾遇到过的新现象、新问题。比如，自 2020 年初新冠疫情暴发，很多教师和学生现在已经熟悉了线上线下相结合的教学模式。在刚刚开始的时候，一些老师和学生经历了一个比较艰难的转换过程：从原来所熟悉的课堂教学突然转到线上教学，从原来熟悉的面对面教学转向较为生疏的屏对屏教学。此前很多教师已经接受教育技术手段应用方面的培训并具有一定的使用经验，具备开展线上教学的基础。另外，当时一些相关网络平台或机构提供了一些较为及时的帮助，整个转换过程总体上比较平稳有序。即使这样，部分教师在刚开始的时候也有些许茫然失措，然后才逐渐适应了线上教学。线上教学的经历进一步证明对教师及时地进行“充电”是非常重要和必要的。这里之所以说“进一步证明”，是因为各级教育行政管理部门以及学校一直非常重视对教师进行职中培训。这些培训同样涉及多方面内容，教师智慧教育素养的培训就是其中的重要内容。

3. 教育实践的反思性

对于教师的智慧教育素养而言，职前的前瞻性培养及职中的有针对性的

---

① 这里只是用来说明教师的智慧教育素养会随着相关方面的发展而不断变化。元宇宙的相关内容在下文“提升学生的智慧教育素养”中将进行较为详细的分析。

培训固然很重要，但也还离不开教师对自己教育实践的反思。客观说来，无论是职前培养还是职中培训，都是外在地对准教师或教师提出要求。由于这些要求所固有的价值以及相应的培养或培训的保障，职前培养和职中培训不仅能够在很大程度上得以顺利实施，而且客观上取得了比较令人满意的结果，有力地提升了教师的智慧教育素养。即便如此，也不得不承认职前培养和职中培训依然面临两个突出的问题：一是职前培养和职中培训都是由外而内地输入，由内而外的思考却相对较少；二是职前培养和职中培训尽管都具有一定的针对性，但也存在着一些与具体的实践需求相脱节的现象。虽然这些问题都会影响职前培养和职中培训的效果，但影响程度并不相同：由于职前培养和职中培训注重普及性，所以对于前者而言，只是一定程度上的影响，即无法充分发挥受教者或受训者的主动性；对于后者而言，其后果是某些教师教学实践中遇到的一些问题难以得到及时、有效的解决，长此以往将会影响教学质量。当然，在此过程中，还可能存在另外一种情况，即有些教师很善于思考，能在教学实践中找到一些相对有效的解决问题的办法，但却对这些方法本身没有进行过多的思考，因此难以发挥其更大的价值。所有这些都意味着对于提升教师的智慧教育素养而言，不仅要做好前瞻性的培养和有针对性的培训，而且要内在地调动教师的积极性，激发其切实有效地对自己的教育行为进行反思，只有这样才能达到提升智慧教育素养的目的。

客观说来，教师对教育实践的反思具有非常重要的价值。对此，有研究者指出，一个教师写一辈子教案不可能成为名师，如果一个教师写三年教学反思，就可能成为名师。[①]也正因如此，无论在国外还是在国内，都兴起了探讨教学反思、思考教学反思、推动教学反思并进行反思性教学的热潮。所谓反思性教学，就是“教学主体借助于行动研究，不断探究与解决自身和教学目的以及教学工具等方面的问题，将‘学会学习’和‘学会教学’结合起来，努力提升教学实践合理性，使自己成为学者型教师的过程”[②]。

之所以要重视教师反思、思考教师反思和推动教师反思，主要是因为教

① 李铁成. 论中小学教师的实践反思. 教育科学，2007（2）：57-60.
② 熊川武. 反思性教学. 上海：华东师范大学出版社，1999：3.

师对自己的教育实践进行反思，体验会更深刻，对自身成长的帮助往往更大，有利于教师切实解决自己在教育实践中的问题，促进教育实践的改进，有助于探索和形成更高水平的教育实践活动。

总之，随着教育的发展，智慧教育也进入新阶段。在新阶段，智慧教育不仅会对师生关系进行重构，对教师的角色提出新的要求，还会对教师应该具备的智慧教育素养提出新的要求，并不断创造条件，以确保这些素养得到真正提升。

第二节　提升学生的智慧教育素养

无论是一般意义上的学校教育，还是更为广泛的包括社会层面在内的教育，学生都是不可或缺的构成要素之一。事实上，学生不仅是教育中极其重要的构成要素，而且是智慧教育非常重要的参与者、推动者。特别是在当前智慧教育进入新的发展阶段的背景下，其对智慧教育的影响更为重要，也更为突出。这也就意味着为了推进智慧教育，还必须关注学生的智慧教育素养，尤其是他们的智慧教育素养的提升。为此，本节从提升学生智慧教育素养的时代背景、机遇与挑战、应对策略三个方面进行探讨。

一、提升学生智慧教育素养的时代背景

众所周知，对于学生的认识涉及多个方面，尽管这些方面相当繁杂，但事实上也可以从总体上将其概括为两个主要方面：一是学生作为单个的受教育者而言的个体独特性，二是学生作为整个受教育者而言的群体一致性；前者侧重于对作为个体及基于个体的独特性进行分析，后者侧重于在更为宽泛的层面进行总体性呈现。因为教育是培养人的社会活动，所以对于学生的认识既要考虑到前者（即独特性），也要考虑到后者（即整体性）。也正是由于难以将二者截然分割开来，以至于有些研究者在很多时候要么出于研究的需

要，要么为了更好地阐释，不断在二者间进行游移与跳跃。虽然我们也意识到了这一点，但囿于当前的研究现状及研究水平的限制，这里也未能免俗，依然穿行于二者之间，难以严格地将二者区分开来。但为了更为全面地把握学生的智慧教育素养及其提升，这里主要是从整体层面对学生群体的智慧教育素养及其提升进行阐释。因为任何群体都与其所处的社会和时代息息相关，所以这里主要是在宏观层面从其所处的社会和时代出发，基于为学生智慧素养提升打下坚实基础这一前提进行探讨。

从宏观层面来看，学生在成长和发展过程中所面临的时代背景总体上大体相同。当然，研究者因对此有不同的切入点或者审视视角而得出不同的判断。当前学生智慧教育素养提升所面临的整个发展态势，如人工智能、第四次工业革命、互联网+、大数据、元宇宙等都可以用作进一步探讨的视角。由于有些方面已经在上文有所交代，因此没有必要再重复叙述；也有些方面与本书所指涉的研究对象，即中小学生这一群体还有着比较远的距离，很难以引发相应的共鸣。所以这里主要是以当前已经引起高度关注，且很可能代表未来发展方向的元宇宙为切入点，对学生的智慧教育素养及其提升所面临的时代背景进行分析。

（一）元宇宙的两种基本取向

虽然从表面来看炙手可热、引起各方高度关注的元宇宙似乎在突然之间呈现在世人面前，但其学理层面上的探讨在 21 世纪初，甚至早在 20 世纪 80 年代就已经开始。当然，关于元宇宙在 21 世纪初的零星探讨与当下的热闹非凡，不仅存在着热度上的不同，而且具体的研究取向也存在着明显的不同，形成了两种不同的研究取向。

21 世纪初，有研究者基于当时物理科学方面的理论研究成果，从哲学的视角在更为宏观的“宇宙层次”对元宇宙进行了分析。“宇宙层次不是一个时空大小的量的概念，而是一个质的概念，指的是不同性质的宇宙系列。大量事实表明：我们的可见宇宙以及可能存在的与它同类的其他宇宙构成了一个巨大的宇宙种类，由于性质相同而属于同一个宇宙级别或层次；而在我们的可见宇宙及其他同类宇宙构成的巨大宇宙层次‘之外’还存在着另外的宇宙结构概念，这里的‘更大’的含义具有性质的区别而不仅仅是量的区别。我们生活于其中的可见宇宙可称之为‘本宇宙’；作为我们本宇宙背景的更大宇宙层次，我们则把它叫作‘元宇宙层’或简称‘元宇宙’。”①质言之，这一理解把元宇宙视为一种更高的宇宙层次，以期能够揭示宇宙结构的质的多元区别以及更大视野的关联。虽然这一研究在当时并未引起足够的重视，或许显得有些落寞，但其从宇宙层次对元宇宙的分析无疑开启了从宇宙到元宇宙的一种独特的思路。

2021 年，元宇宙再度“出场”，并迅速成为社交媒体和学术研究的新宠。从社会媒体方面来看，影响最大的当属美国著名的社交媒体平台之一 Facebook（脸书）的创始人马克·扎克伯格在 2021 年 10 月 28 日正式宣布公司更名为 Meta②。扎克伯格希望 Meta 成为一种全新的、功能更多元的互联网社交媒体形式，借助虚拟现实和增强现实等技术，吸引用户在 3D 虚拟世界中建立一种类似现实的生活模式，在这一空间中，人们可以进行人际互动，可以满足工作、交流和娱乐等的需要。③鉴于 Facebook 在社交媒体领域的巨大影响力，以及“元宇宙”一词所带来的无限想象和相关支撑技术的逐渐成熟，元宇宙迅速吸引了一大批社交媒体入局。“2021 年进入倒数第二个月，元宇宙大爆炸一般地出现在科技圈和大众的视野里。”④

元宇宙不仅在社交媒体领域中引起广泛关注，而且成为学术界关注的热点。截至 2022 年 4 月 30 日，在中国知网按照篇名对“元宇宙”进行检索，一共检索出期刊论文 525 篇，其中 506 篇发表于 2021 年 9 月及以后；如果进一步限定为 CSSCI 来源期刊，则检索出 159 篇，其中 155 篇发表于 2021 年 9 月及以后。通过这两组数字可以看出在短短半年多的时间，学术界对元

① 韩民青. 宇宙的层次与元宇宙. 哲学研究，2002（2）：28-34.

② 从严格意义上来说，2021 年 3 月，一家公司的股票进行更名已经引起业界的高度关注，但其带给人们的冲击力显然还不够大。

③ 年双渡. 率先进入“元宇宙”脸书豪赌能赢吗. 中国商报，2021-11-03（8）.

④ 马西风. 从 Facebook 改名 Meta 说起. 世界文化，2021（12）：4-5.

宇宙的关注度迅猛增高①。

无论在社交媒体层面，还是在学术研究层面，尽管二者各自的侧重领域不同，但都是基于一个前提，即都是基于网络技术展开的。随着网络技术的发展，将网络所提供的虚拟世界与人类所处的物理世界更加有机地结合在一起成为人们的共同愿景。也正是在这个前提下，此前一直没有引起过多关注的元宇宙突然热度高涨，迅速引起人们的关注。虽然在学术层面的探讨中，对于元宇宙存在着一些争论、质疑，但从总体来看，这些争论、质疑主要集中在两大方面：一是细节上的，如译名是否得当、最早出现的时间等；二是有少数研究从可行性、风险性等方面对元宇宙持否定态度。虽然译名是否准确、最初来源等方面固然重要，但在某种意义上来说可能还不是特别重要的。因为无论如何，随着网络技术的发展和应用需求的增加，虚实有机融合将大概率成为摆在人们面前的必须予以回答的问题。这也就意味着基于风险性等所做出的判断更多属于警示性的，是从另一个侧面提醒人们不要盲目崇拜，必须时刻保持清醒的认识，以确保科技向善，但并没有彻底否定技术进步的趋势。

（二）元宇宙的关键技术基础

虽然有研究者从哲学层面，基于“宇宙层次”对元宇宙进行了分析，但相对而言，从技术角度审视元宇宙更为主流。而且，从目前的发展趋势来看，基于技术层面的探讨依然会持续一段时间。因此，为更好地理解和把握在元宇宙这一新的时代背景下提升学生智慧教育素养的要求，这里对其所赖以存在的关键技术进行简要说明。

当然，对于元宇宙的关键技术，不同研究的侧重有所不同。下面以两则研究为例来进行说明。一则研究指出，“元宇宙的技术基础，可以用BIGANT（大蚂蚁）来概括。B 指区域链技术（blockchain），I 指交互技术（interactivity），G 指电子游戏技术（game），A 指人工智能技术（AI），N 指

---

① 这还只是截至当时在中国知网上检索到的结果，不排除还有一些已经刊出但尚未被中国知网收录或发布的论文，如果加上这些论文，那么其数量将更为可观。

网络及运算技术（network），T 指物联网技术（internet of things）。‘大蚂蚁’可以说集数字技术之大成”[①]。另一研究指出，元宇宙的相关关键技术主要涉及四大方面：一是网络及运算技术，包括 5G、6G、物联网、云计算、雾计算及边缘计算等技术；二是管理技术，包括能耗管理、资源管理、会话管理、时空一致性管理等技术；三是虚实对象连接、建模与管理技术，包括 X 联网、身份建模、社会计算、去中心化管理等技术；四是虚实空间交互与融合技术，包括扩展现实、电子游戏技术、脑机接口等技术。[②]

虽然这两项研究都对元宇宙所涉及的技术进行了分析，但事实上二者对技术的把握或者说对技术的定位并不完全相同。相对而言，前者更为侧重于纯技术的层面，是在较为具体的技术层面上进行的分析；后者则在更为宽泛的层面上提出要求，这些要求既涉及具体的技术，也包括协调和使用技术的技术。这些不同其实也从另一个侧面表明人们对元宇宙在认识上的差异。

二、提升学生智慧教育素养的机遇与挑战

随着元宇宙时代的到来，学生智慧教育素养的提升既有难得的机遇，也面临着一些新的挑战。为更好地提升学生的智慧教育素养，下面就以元宇宙这一时代背景为前提，分别对其中所面临的机遇与挑战展开探讨。

（一）提升学生智慧教育素养的机遇

总体而言，元宇宙为学生的智慧教育素养提供的机遇主要涉及两大方面：一方面，各种应用场景的改变需要他们具备更高的教育素养，为其智慧教育素养提升开启了新的可能性；另一方面，智慧赋能进一步要求他们需要具备相应的智慧素养，对其智慧素养提出了更高的要求。从某种意义上来说，两者都意味着学生需要具备能够更好地利用元宇宙开展学习的能力。这些能力虽然是智慧赋能之后的结果，但也还是顺利开展智慧赋能的前提，或

① 赵国栋，易欢欢，徐远重. 元宇宙. 北京：中译出版社，2021：26-27.

② 王文喜，周芳，万月亮，等. 元宇宙技术综述. 工程科学学报，2022（4）：744-756.

者说是挑战。这也就意味着就这两个方面而言，前者作为机遇的成分更为充分一些，后者尽管也可以说是一种机遇，但作为机遇的成分相对弱一些，也可以说是一种挑战。因此，为更好地把握学生智慧教育素养提升的机遇，这里着重从前者和元宇宙给学生的智慧教育素养提升带来的机遇进行分析，把后者与挑战放在一起进行分析。

虽然不同研究者对元宇宙的分析视角有所差异，研究也各有侧重，但总体而言，都认识到元宇宙将使学生的学习发生重大改变。在这些改变中，有些甚至还有可能是根本性的、颠覆性的改变。为了更好地应对这些改变，学生必须具备相应的素养，否则不仅难以应对这些改变，难以发挥元宇宙在教育中的作用，还可能使此前教育中原本就有的一些不利因素放大。

对于元宇宙给学生未来的学习方面所带来的改变，可以从不同的视角进行多维把握。鉴于元宇宙自身的复杂性和目前认识的初阶性，这里仅以其在学习时空与学习环境两个相对更为根本的方面所带来的改变进行分析。

1. 拓展叠加的学习时空

一方面，任何学习都离不开时间与空间；另一方面，在不同的历史时期，为学习提供的时间与空间都有所不同。此前，学习的时间主要表现为一维的线性时间，学习的空间尽管出现了一定程度的网络空间（虚拟空间），但总体上仍然以经典的物理空间与精神空间为主。在元宇宙中，“时空拓展性”作为元宇宙的第一属性，具体包括时间拓展性和空间拓展性[①]。这也就意味着元宇宙中无论是学习的时间还是学习的空间，都将发生非常大的改变。概括起来，这一改变主要有拓展和叠加两种情况。拓展即在原有形态的基础上，增加了一些新的表现形态；叠加则意味着原有形态可能是并列的，甚至是分离的，但在元宇宙中叠加在一起，形成了一个有机的整体。需要说明的是，叠加除了原有形态的叠加外，还包括原有形态与新增形态之间的叠加。

对于学习时空而言，拓展这种形式其实在此之前就已经有了，而且也引

① 沈阳. 元宇宙不是法外之地. 人民论坛，2022（7）：44-47.

起了人们的高度关注，并通过创造相应的条件来加以利用。比如，学习时间不再只有线性的物理时间，还拓展出体验性的心理时间；学习空间除了物理空间与精神空间外，研究者还将物理空间与精神空间分别进一步细化出本体物理空间与演化的物理空间、学习风气与学习自觉等①。这些细化出来的各种空间类型其实也可以理解为在学习空间方面的拓展。当然，学习空间除了上述在内部通过细化来进行拓展外，随着互联网的出现，又从外部新增了网络空间，或者说虚拟空间。

在元宇宙中，学习时间与学习空间二者尽管既有拓展，亦有叠加，但是以叠加为主，包括跨时空叠加和多空间叠加两种。

首先来看跨时空叠加。在原来的教育活动中，学习时间与空间往往是在同一时空之下，但随着网络空间的出现，开始出现跨时空叠加的现象。线上线下混合式教学不仅在教育活动中的应用越来越广泛，而且其重要性也在日益凸显。特别是疫情期间，很多地方在特定的时期采取了线上线下混合式教学，甚至纯粹的线上教学。对于这些具体的教学形式，这里仅限于从跨时空叠加展开，对其他不在此范围之内的一些方面不予讨论。在传统的教育中，师生只能在同一时空下开展教学活动。现在借助网络空间，教师之间、师生之间、学生之间可以跨越时空的限制开展教学活动。此时的教学活动由于网络空间的参与，将原来仅有的纯粹的物理时空与网络空间叠加在了一起。这种叠加尽管能够摆脱物理时空的限制，但在某种意义上来说，叠加的水平还不够高，呈现比较明显的割裂感，并没有很好地融合在一起，甚至有些时候还会因为网络速度等原因而出现卡顿或信号中断，影响学生在教学活动中的体验。在元宇宙中，伴随着跨时空叠加水平的提升，这些割裂感、不流畅感等都会在很大程度上得到有效缓解，甚至化解。

再来看多空间叠加。所谓多空间叠加，主要指物理空间与网络空间（或者说虚拟空间）等多种空间的叠加。虽然此前物理空间与网络空间已经在某种程度上叠加在一起，但严格说来，此时的叠加只是简单地把二者拼凑在了

① 林德全，徐秀华. 学习关键词. 北京：科学出版社，2016：93-97.

一起。尽管这一拼凑相对于过去而言有了很大的进步，但由于无法真正地把网络空间与物理空间有机地统一起来，所以仍然显得比较简单。此时物理空间与网络空间只是在形式上连在了一起，教师和学生只能在现实的物理空间中通过网络空间进行遥相交互、隔空交互，无法真正地深入到网络空间，不能在网络空间进行更加直接的交互。在元宇宙中，教师和学生可以越过物理空间的藩篱，直接沉浸于网络空间，或者是通过网络空间来再造物理空间。因此，如果把此前在空间上的拓展理解为一种相对较低水平的平面化、连接式的叠加，那么元宇宙中的叠加就变成一种更高水平的立体化叠加，是对已有的物理空间和网络空间的再造。

2. 虚实融合的学习环境

学习活动不仅离不开学习时间与学习空间，也离不开学习环境，无论是学习时间还是学习空间，都在不同程度上涉及学习环境。比如，学习时间中的心理时间、学习空间中的精神空间、演化的物理空间等都与学习环境密切相关，甚至有些本身就可以直接从学习环境的角度加以把握。

随着网络的出现和互联网的普及，新增的网络空间尽管有时被称为虚拟空间，但也经常被视为虚拟环境。特别是在一些基于虚拟现实技术、增强现实技术而开展的学习活动中，虚拟环境的创设已经达到相对较高的水准。因此，与学习时空方面的变化相似，一方面，学习环境中的某些方面的变化其实早已发生；另一方面，存在着二者结合得不够好，有一定的游离甚至割裂的情形。在元宇宙中，学习环境方面的变化将主要集中在使二者更加有机地整合在一起，真正做到虚实有机融合。尽管在这一过程中会涉及诸多特殊的方面，但以下三个方面更为突出。

一是情境性。虽然情境性并非元宇宙所特有的，但其在元宇宙中表现得更为突出。此前囿于技术手段的限制，出现了语表情境、现场情境等不同的情境呈现方式。这些情境呈现方式在客观上具有一定的直观性，并有助于使用对象产生较为深刻的体验。客观说来，除了现场情境外，包括语表情境在内的很多情境呈现方式大多属于模拟情境，尽管这些模拟情境能够以直观的方式给使用对象带来较为深刻的体验，但毕竟是模拟情境，其效果受模拟水平和模拟程度的制约。元宇宙所生成的情境在客观上也具有某种模拟成分，但此前利用其他手段模拟出来的情境与元宇宙所生成的情境根本不可同日而语：此前的模拟情境绝大多数停留在“形”像或“神”像上，很难做到形神兼备，更不要说二者有机统一；元宇宙所模拟出来的情境不仅把二者有机地统一起来，做到形神兼备，甚至可以达到完全真实化的程度。

二是具身性。如果说情境性使学生可以投身或置身于其中，为投身或置身创造了条件，具身性则意味着能够真正地投身或置身于其中。“由于传统的互联网仅是将文字与影音等信息投放至 PC 端与移动终端的电子屏幕与音响系统中，所以人与信息通常处于二元分享的状态。元宇宙将改变上述情况。伴随着从虚拟现实（VR）向增强现实（AR）、混合现实（MR）乃至扩展现实（XR）的发展，当人利用可穿戴智能设备进入元宇宙，将处于信息的环境与包裹之中，从而以身临其境、多觉联系的沉浸方式观察场景与参与活动。并且，这种沉浸是从深度沉浸走向全身沉浸，这个‘身’不仅指身体，更指视觉、听觉、触觉、动觉综合一体的感觉和知觉的全面深度介入，即便是在虚拟世界，亦会让人产生强烈的临场感和真实性，让人产生脱离现实人格同数字替身完全融为一体的感知觉。”[①]因此，具身也就意味着可以真正地投身或置身其中，而不是游离于情境之外。

三是沉浸性。如果说情境性意味着使人投身或置身于其中，具身性意味着真正地投身或置身其中，那么沉浸性则是对投身或置身水准的衡量，是对投身或置身程度的衡量或判断。沉浸性事实上是一种相对更高水准的投身或置身，是以一种非常自然、几乎没有任何违和感的方式置身其中；否则，即使有了情境和具身，但如果沉浸度不够的话，其价值或效应也会大打折扣。元宇宙不仅具备新的情境性，使学生能够置身其中，更为重要的是它是一种更高水平的投身或置身。这在一些跨越时空的情境中表现得更加明显。从沉浸性的视角来看，虽然各类参与主体实际上是在完全不同的物理时空，但同

① 蒲清平，向往. 元宇宙及其对人类社会的影响与变革. 重庆大学学报（社会科学版），2023（2）：111-123.

时却又如同在同一时空之中，甚至对方就在自己的眼前或身边，丝毫感受不到任何由外在限制所带来的割裂感。有研究者对此场景做了如下描述："不仅是工作与娱乐，教育也正在移入虚拟世界，我们的孩子过几年就会在'元宇宙'中进行学习。在元宇宙课堂里，学生戴上眼镜就能漫步于5000年前的埃及，看到身边的古埃及人修建金字塔的场景。那种沉浸感体验，是和在黑板、书本、视频中学习的感受极为不同的。届时，世界上最好的学校都在元宇宙里，孩子可以不出家门，就像现实中那样和同学漫步校园、去图书馆阅读、进教室听课。"①

情境性、具身性及沉浸性等不仅是元宇宙下学习环境虚实融合的重要表现，还是学生智慧教育素养提升的关键实践场域。

（二）提升学生智慧教育素养面临的挑战

元宇宙在带来诸如学习时空、学习环境等方面的改变，为学生的学习活动提供更为友好的支撑的同时也对其智慧素养的提升提出了诸多挑战。需要说明的是，虽然这里使用的是"挑战"一词，但事实上这些挑战中有些积极性多一些，有些则较为中性，还有些可能存在较大的风险而需要谨慎对待。由于其中较为中性的部分不大容易判断，也较难把握，所以这里选择相对简单的二分法，根据具体情况分别将其归为需要积极面对的挑战和需要慎重对待的挑战，并基于这两个层面对学生智慧教育素养提升面临的挑战进行分析。

1. 需要积极面对的挑战

所谓需要积极面对的挑战，是指元宇宙带来的变化虽然给学习者带来一些挑战，但这些挑战从总体上来说是相对积极的，我们要做的是更加充分地对其加以利用，使其效应最大化。

概括起来，元宇宙给学生带来的需要积极面对的挑战主要涉及以下三个方面。

一是学习更加灵活。随着网络的出现，特别是各种基于网络的学习形式

① 徐升国. 元宇宙时代的阅读与出版. 科技与出版，2022（4）：5-10.

的出现，学生的学习变得更加灵活多样。在元宇宙中，这种灵活多样的趋势将进一步增强，学习活动也将更为灵活，不仅不受物理空间的限制，还可能借助数字虚拟人技术，制造若干个虚拟形象，由过去分身乏术，无法同时参与多种学习活动，变成分身有术，能够同时参与多种学习活动。当然，分身有术只是学生的学习更加灵活的表现之一。除此之外，还有其他一些表现形式同样可以使学生的学习更为灵活，如教师也可以分身有术，这样就可以更好地服务于学生的学习。需要说明的是，学习更加灵活其实也对学生的自制力提出了更高的要求，因为学生需要做出恰当的应对。如果应对不当，就很可能使其学习变得杂乱无序，甚至可能陷入迷茫。客观而言，更加灵活的学习一方面满足了学生在学习上的客观需求，另一方面也确实带来了一些新的挑战。也正因如此，这里将其列为各种需要积极面对的挑战之首。

二是学习更为直观。众所周知，直观一直是学生获取知识的非常重要的方式。不仅在过往及当下的教学活动中有各种各样的直观学习方式，而且直观性原则一直是教学活动中应当遵循的重要原则。在元宇宙中，由于学习者可以沉浸其中，直观手段将获得进一步丰富和改善，直观水平将得到进一步提高，使学习变得更为直观。

三是拥有更多空闲时间。一方面，学习的直观性更强将显著降低学生对相关内容的理解难度；另一方面，技术的进步还将改变对学生在相关学习内容上的要求，总体呈现为从抽象高深的理论转向简单明了的实践。所有这些都意味着学生不必在学习上花更多的时间，从而拥有更多的空闲时间。这些多出来的空闲时间虽然可以减轻学生的学习负担，使他们能够投入更有意义的活动，但如果应对不当的话，也可能使他们陷入无所事事的境地，或者走向另一个极端，进一步加剧学习内卷化。

2. 需要慎重对待的挑战

元宇宙不仅给学生的学习带来了包括上述三个方面在内的诸多需要积极面对的挑战，还提出了一些需要慎重对待的挑战。尽管这些挑战中的部分观点已在前文有所涉及，但由于那里是在整体层面从对元宇宙持反对态度出发的，并不是以学生的学习为主，所以有些质疑与学习的关系相对而言并不大。从学习的角度来看，元宇宙所带来的需要慎重对待的挑战主要集中在虚实不分、体验两分两个方面。

首先来看虚实不分。所谓虚实不分，即无法对虚拟与真实进行有效区分。当然，对于虚实不分又可分为两种情况：一种是无法做到区分而导致不分，另一种则是没有意识到需要区分而误解虚与实。如前所述，虚实融合既是元宇宙的重要特征，也是其突出优势。对于这一点，不仅要看到其优点，也要看到其不足。由于这里着重涉及需要慎重对待的挑战，所以主要是对后者进行分析。从不足方面来看，虚实融合容易使人分不清哪些是虚，哪些是实。虽然这是人们对元宇宙的期待，但客观上也容易让人误解虚实之间的界限：既有可能误把虚拟的当成真实的，也有可能误把真实的当成虚拟的。不管是哪种情况，由于混淆了虚实之间的界限，都需要给予高度关注。这也就意味着，尽管元宇宙不仅能够实现虚实融合，而且虚实融合也非常有价值，但应该考虑虚实之间的区分，让学生能够分辨虚实之间的界限，知道什么时候是可以虚实融合的，什么时候是不可以虚实融合的；否则，很可能给他们的成长和发展带来严重后果，对此，我们应该保持高度的警惕。

再来看体验两分。所谓体验两分，即从性质上来看，体验所产生的影响既有正向的、积极的一面，也有负向的、消极的一面。客观说来，元宇宙的虚实融合所生成的一些场景的确可以使人的体验更为深刻，且这些体验很多具有积极的教育意义。这也是包括一些教育研究者在内的很多相关人员对元宇宙持肯定态度的重要原因。当然，元宇宙所带来的体验除了上述正向、积极的一面外，也还存在一些其他情况。这些情况大体上又可分为两种，需分别对待：一种是完全负向的、消极的。这种情况需要保持高度警惕，一定要慎之又慎。另一种则是相对比较中性的，既难以归入正向的、积极的一面，也不能简单地归入负向的、消极的一面。对于这种情形，从严谨、慎重的角度出发，将其归为消极、负面的一面相对较为稳妥一些。需要说明的是，虽然这里将其归入负面、消极的一面，其实还可以根据实际情况进一步细分为两种不同的情况：一种是在元宇宙中的体验不会给学生的社会生活带来负面影响。虽然元宇宙总体上可以增强学生的体验，但有些在元宇宙中的体验并不会产生非常明显的变化，不会影响其生活实践活动。对于这些表面上看没有明显的积极意义但也不至于带来消极的体验，即使在元宇宙中体验得再多、再真实，也不用有太多的担心。与之相反，有些体验不仅可以在元宇宙中进行体验，甚至还可以多次体验、反复体验，但这些体验仅限于元宇宙场景中，在现实生活中根本无法体验，甚至也不允许体验。一旦在现实生活中体验将会产生不可逆的影响或难以挽回的严重后果。这种情况就必须保持高度警惕。由于一些学生身心尚未完全成熟，对于哪些能在元宇宙和生活中都能体验，哪些只能在元宇宙中体验而不能在生活中进行体验，难以做出准确的判断和把握。学生为了更好地成长和发展，对于后者尤其需要慎重对待，切不可掉以轻心。当然，这个方面也不仅是学生需要慎重对待的问题，还是包括教师在内的整个社会相关成员需要慎重对待的问题。

虽然需要积极面对的挑战和需要慎重对待的挑战都是挑战，但由于各自的性质不同，在应对时需要采取的措施也应有所不同。对于前者，更多的是在利用中稍加注意，使其积极的作用发挥得更为充分；对于后者，情况则截然不同，虽然需要慎重对待的挑战中仍然有稍显积极的一面和相对而言较为中性的一面，但其中也存在着一些相对较为明显的负面影响，而且其所带来的后果严重，故而必须慎重对待。

三、提升学生智慧教育素养的应对方略

尽管从性质上可以将提升学生智慧教育素养面临的挑战划分为需要积极面对的挑战与需要慎重对待的挑战，但事实上无论是何种挑战，都意味着需要做出准确的判断和恰当的应对。当然，这些应对不仅涉及教师，还涉及学生。由于这里着重从学生方面进行分析，故不再涉及教师。对于涉及教师方面的应对可参见本书相关内容，这里不再赘述。

从学生方面来看，应对各种智慧教育环境及其变革，尤其是元宇宙所涉及的相关素养方略的提升可以从以下三个方面进行把握。

（一）通过学习提升智慧教育素养的水平

学习不仅是个体成长的基本途径，还是智慧教育素养提升的重要手段。因此，要想切实提升学生的智慧教育素养，也同样离不开学习，学生可以通过学习来提升自己的智慧教育素养。当然，尽管学习对智慧教育素养的提升涉及很多方面，但这里不可能对这些方面展开全面深入的分析，因此我们将从宏观上对其进行概括性探讨。

第一，准确把握智慧教育素养的走向。虽然在不同时期人们对智慧教育素养的认识存在着一定的差异，对其指向的具体理解也不尽相同，但对其走向的判断或把握是必须关注和思考的问题。这是因为，对其走向的判断和把握在某种意义上也可被视为对智慧教育素养的根本性定位。这一定位不仅决定着人们对提升智慧教育素养的信念，而且决定着他们对智慧教育素养价值的认识。这也就意味着，如果对这一根本性的定位认识不当或存在偏差，不仅会影响他们关于提升智慧教育素养的信念形成，而且会影响整个智慧教育的未来发展走向。

第二，更新对智慧教育素养价值的认识。所谓对智慧教育素养价值的认识，即对智慧教育素养自身重要性的认识。这一认识涉及既有别又密切相关的两个方面：一方面，智慧教育素养价值的认识受到人们对智慧教育素养定位的制约；另一方面，对具体价值的认识本身也是智慧教育素养的重要组成部分，必须给予足够的重视。随着社会的发展，学生需要通过学习来更新对智慧教育、智慧教育素养及其价值的认识，否则，即使准确地把握智慧教育素养的走向，也可能因为对智慧教育素养价值的认识不当而做出不够恰当的判断和应对，进而影响自身智慧教育素养的提升。

第三，准确把握智慧教育素养的前沿。由于科学技术日新月异，智慧教育所使用的技术手段也在不断地更新。从学生学习的角度来看，既不要停留在过去，也不能仅满足于现在，而要在现有基础上适度超前，避免陷入学完即过时的尴尬境地。因此，通过学习来提升智慧教育素养的水平还意味着要准确把握智慧教育素养发展的前沿，避免做无用功，造成时间、精力等方面的浪费。

（二）全面提升智慧教育素养的认知能力

所谓智慧教育素养的认知能力，也就是能够对智慧教育及其素养范畴做出全面准确的判断，避免陷入非此即彼、二元对立等误区。

客观说来，智慧教育既有益处，也有风险。其实无论对于益处还是风险，学生都需要保持审慎、严谨的态度。由于益处与风险本身性质的不同，其审慎、严谨的要求自然也有所不同：有益的一面，由于总体上以正向的、积极的取向为主，即使不够审慎、严谨，充其量不过是这些优势不能得到充分的发挥，不大可能造成更大的不良影响；风险的一面，则就明显不同，必须做进一步深入的分析、思考，这是因为风险造成的负面影响不仅更为突出，而且更为复杂。对于其复杂性，这里仅根据风险是否可控进行简要分析。一方面，有些风险固然是负面的，但总体上可控。也就是说，人们可以对这类风险做出比较准确的判断，进而及时地进行调整、纠正。从某种意义上来说，这类风险所产生的负面影响即使有一些可能难以完全消除，但由于总体上可控，影响往往不会太大，后果也应该并不特别严重。另一方面则刚好相反，有些风险不仅是负面的，而且是不可控的，人们往往难以对其进行准确的判断和把握。这些不易判断和把握的风险，仍然存在两种可能：有些虽然不易把握、判断，但总体上呈现积极走向，即积极走向明显大于消极走向。对于这类风险，完全可以进行尝试，只不过在尝试时需要多加注意，根据情况随时进行相应的调整。也有些风险不仅不易把握、判断，而且难以清晰地判断积极的一面是否大于消极的一面，甚至难以判断是否具有积极的一面。对于这类风险，总体上应该以规避为主。有些时候这些风险甚至根本不可避免，但也应努力采取一些有效措施，尽量将其所产生的负面影响降到最低。

因此，智慧教育素养的认知能力其实也就是对智慧教育实践的判断力。这种判断力既是学生智慧教育素养的重要组成部分，也是提升其智慧教育素养应着重关注的方面。更为重要的是，对于学生智慧教育素养的提升，既可以单独进行，也可以通过与相应学习结合起来。不管采取单独的方式，还是结合的方式，都应明确智慧教育素养的关键在于提升认识能力，以避免陷入极端化的误区。

（三）不断增强智慧教育素养的应用能力

对于智慧教育素养而言，认知能力（或认知水平）决定着其使用的方向或可能，应用能力则决定着其实际的应用水平。换言之，即使有着正常的认知能力，如果缺少相应的应用能力，其智慧教育素养也难以发挥出应有的作用。因此，要提升学生的智慧教育素养，必须在全面提升智慧教育素养认知能力的基础上增强其智慧教育素养的应用能力。

虽然认知能力负责对智慧教育素养进行判断，应用能力决定实际应用的状况，二者的侧重点不同，但由于二者都是能力，且都与智慧教育素养有关，所以在具体的表现及要求上有一定的相似之处：都需要注意避免走向极端的情况。同时，二者对所要避免走向极端情况的具体要求并不相同：前者只是避免认知上的偏见，即简单地认为其完全合理或者完全不合理，或者说完全接受或全盘否定；后者则是避免行为上的偏见，或者说是在实际的行动上的偏见。行为上的偏见主要以过度依赖、全然轻视两种极端行为最为突出。所谓过度依赖，即完全离不开各种智慧教育所提供的支持，一旦离开这些支持就无法开展相应的学习活动，甚至还有可能会出现心理上的波动；全然轻视则是对一些智慧教育所提供的支持全然放在一边，宁愿抱残守缺，也不愿意主动拥抱新的智慧教育手段或环境，甚至还可能以各种理由或借口拒绝使用，即使有些时候被逼无奈地应用，也只是停留在表面上的照猫画虎、生搬硬套。此外，全然轻视还表现为有些时候即便被逼无奈使用且收到一定效果后也自觉或不自觉地对这些效果选择性地无视，并将效果归结于其他方面的原因，而非智慧教育手段或环境等方面的原因；一旦没有达到预期效果，甚至有些时候也只是自认为没有效果或者效果不是特别明显，则立即将所有失败的原因都归结为智慧教育的手段或环境，而不是以审慎的态度对各种情况进行更加全面的思考。这种纯粹基于个人偏好而做出的判断表面上来看是对智慧教育的判断，其实在更深层次上反映了包括其智慧教育素养应用能力在内的智慧教育素养水平的低下。

虽然应用能力与认知能力需要避免的两种极端在具体的内容与实际的表现上有所不同，但二者还有一定的关系：应用能力上的极端情况很大程度上是由认知的极端决定的。认知决定着行为，有什么样的认知判断往往就会有与之相应的行为。所以，有什么样的智慧教育素养认识水平，就会表现出与之相一致的应用水平。

第三节　优化机器人教师参与智慧教育

如果说早期的智慧教育还主要是发生在人类教师和学生两类之间的话，那么在当前及未来的智慧教育，特别是智慧教育的参与主体除了上述两类主体外，还新增机器人教师这一新型主体。前文已简要地提及机器人，本节从智慧教育下师生关系建设对相关主体的要求出发，对机器人教师如何更好地参与智慧教育、推动智慧教育的发展进行探讨。客观说来，机器人教师参与教学是当前及未来智慧教育发展的必然结果。随着社会的发展，机器人教师还有进一步优化、完善的空间。更为重要的是，机器人教师的优化和完善不仅会影响机器人教师的成熟度、智能化，还会影响整个智慧教育的发展水平和态势。

一、机器人教师的内涵

对于机器人教师，人们有着不同的称谓，既有如这里所说的机器人教师，也有人将之称为人工智能教师、数字人教师等。基于前述在双智互促视角下对智慧教育的把握，结合各种现代技术手段在教育中的应用实践，这里就用“机器人教师”一词来表征各种在教育中起到类似作用的新生事物的集合。

（一）机器人教师的概念

机器人教师就是给一种特定类型的机器人赋予教师身份或角色。在这一界定中，主要包含以下两个方面。

1.“机器人+教师”的特定结合体

机器人教师首先是机器人与教师结合在一起而形成的特定结合体。对于这种特定的结合体，有研究者分别从教育和机器人两个层面进行了分析[①]：从教育层面来看，机器人教师源自国外的“教学机器”以及我国机器人教育中的“机器人主持教学”，机器人教师是教学组织、实施与管理的重要参与者；从机器人层面来看，机器人教师是一种具有部分教师功能的系统。这种系统既可以是硬件和软件，也可以是二者的集成。

尽管“机器人教师”这一称谓最早出现于何时目前无从考证，但对于机器人教师，特别是类似于机器人教师的一些设备或手段则早在将近一百年前就开始尝试性探索，并一直在随着技术手段的进步而不断地努力改进、完善：普莱西早在1926年就设计了一种进行测验记分和教学的机器，但由于没有把材料编成程序，并未受到教育界的重视[②]；20世纪50年代，斯金纳在普莱西的教学机器的基础上制造出全新的教学机器[③]；20世纪60年代，随着电子计算机技术的发展，美国开始掀起利用电子计算机技术进行程序教学的热潮[④]。虽然这些设备和手段已经在当时的教学中进行了尝试和应用，但可能由于其他的条件不够成熟[⑤]等原因，其应用情况并不乐观，这些教学机器只是作为课堂教学的补充手段，起着辅助教学的作用。

此后随着计算机和网络技术的发展，利用计算机软件辅助教与学逐渐迈进了快车道，基于程序的隐形机器人教师也越来越引起人们的关注。在最近一段时间，随着人工智能技术在包括教育领域中的广泛应用，实体化的机器

① 张尧，王运武. 机器人教师. 南京：河海大学出版社，2020：14.

② 邱质朴. 程序教学、教学机器与语言学习. 语言学动态，1979（3）：1-6.

③ B. F. 斯金纳，吴庆麟. 程序教学再探（特约稿）. 吴庆麟译. 华东师范大学学报（教育科学版），1987（4）：7-15.

④ 盛炎. 程序教学简介. 语言教学与研究，1981（3）：124-138.

⑤ 龚维瑶. 程序教学简介. 心理科学通讯，1965（2）：19，24.

人教师已经出现。与此同时，基于数字技术的虚拟数字人也成为当下非常重要的前沿技术领域，“当前，虚拟数字人正朝着智能化、便捷化、精细化、多样化发展，步入成长期”①。所以，基于虚拟数字人的机器人教师也应在孕育之中。

总而言之，虽然目前对于机器人教师的认识尚未达成共识，但无疑都将其视为机器与教师二者的结合体。至于这个结合体到底是以应用软件程序的形式，还是实体机器人的形式，抑或虚拟数字人的形态呈现，并不是至关重要的。只要它们能够服务于教学活动，助力学生发展，就可以被视为机器人教师。当然，在不同时期里，人们对服务于教学活动和助力学生发展的要求不同，也会导致对机器人教师在形态上的认识存在一定的差异。

2. 高度智能化的类师性特征

随着技术的进步，社会各行各业纷纷涌现出形态各异、功能多样的机器人。一方面，机器人教师只是整个机器人大家庭中的一员；另一方面，之所以将这些机器人称为机器人教师，而不是其他某种机器人，关键就在于其能够起到类似于人类教师的作用，扮演着与人类教师相类似的角色，或者说具有类师性的特征。深究起来，机器人教师的这一特征实际上涉及以下三个密切相关亦有区别的方面。

第一，机器人教师是教师群体在类型上的扩展。机器人教师既然被称为教师，而不是其他类型的机器人，就意味着其不仅具有一些与人类教师相类似的属性，而且被视为一种新的教师类型。机器人教师之所以被归结为教师的范畴，关键在于这些机器人确实能够起到与人类教师相类似的作用。对此，人们从不同的视角进行了探讨：既有先通过类似于单盲实验的方式先在实践中应用，最后才揭开其机器人教师身份“谜底”的沃森；也有像韩国、日本等国家在较早的时候就让学生基于自己的视角谈谈对参加机器人教师所组织的教育活动的感受；我国研究者也分别从多个不同的维度对机器人教师

---

① 中国人工智能产业发展联盟总体组，中关村数智人工智能产业联盟数字人工作委员会. 2020 年虚拟数字人发展白皮书. https://www.doc88.com/p-17587827944736.html.

参与教学活动的情况进行了实验及分析。所有这些实践尝试都表明，机器人教师不仅确确实实能够对人类教师的教学活动起到辅助、补充的作用，甚至有些时候还可以对人类教师的教学活动起到部分替代作用。它们既可作为人类教师的助手，辅助人类教师完成教学活动，也可以在一定程度上代替人类教师单独完成部分教学活动，尤其是一些重复性比较强的活动。

第二，机器人教师在严格意义上讲只是一种类似于教师的特殊主体。一方面，机器人教师确实起到了与人类教师相类似的作用。这也就意味着，只能用“教师”一词来概括或表征这一特殊的主体，而不能或难以使用其他的词语来进行概括或表征。更为重要的是，有些时候，它们甚至还有可能发挥人类教师难以发挥的功能。对于这一点，除了在上述作为教师群体的扩展中的分析外，还可以从其所具有的智能性这个方面来进行探讨。对于后者，将在下文进行专门的探讨，这里就先不予展开了。另一方面，对于机器人教师而言，之所以说是机器人教师，就意味着它还不是真正意义上的教师。尽管机器人教师可以完成人类教师难以完成的一些任务，但从根本上来说，它还不是真正意义上的教师。无论是根据目前现有的相关法律规范，还是普通大众的日常认知，都还无法或难以将机器人教师看作真正意义上的教师。这也就意味着，虽然可以在机理作用层面上将机器人教师视为一种新型的教师类别，但毕竟不是传统的基于社会学、生物学等层面上的人类教师，不同于真正的人类教师。机器人教师作为“机器人+教师”的结合体，既有教师的属性，也有机器或者说是机器人的特性。因此，机器人教师既是机器或机器人但又不是普通的机器人，机器人教师是能够开展，甚至可以很好地开展教育活动的一类非常特殊的教师。

第三，机器人教师具有高度的机器智能。机器人教师不仅具有智能，而且从某种意义上来说，其智能水平还很高。它们不仅具有精准的记忆力等一些相对较为初级的智能，甚至还可能具有一定的推理判断能力、随机调节能力及某种程度的自主学习能力等一些相对更高水平的智能。这也就意味着，一方面，必须正视和承认机器人教师已经具备一些通常意义上人类教师所具有的智能；另一方面，尽管机器人教师具有如上所述较高的智能，但这些智能并不是通常意义上所说的人类智能，而是机器智能。虽然机器智能具有标准统一、反应及时、不知疲倦等优势，但毕竟只是适用于特定场景的专门智能，而非适用范围更广、应用更加灵活的通用智能。这种特定的专门智能尽管在其专长领域里完全可以匹敌，甚至碾压人类中专门从事该领域的高级人才，但一旦将其更换到另外不擅长的领域，则其上述优势将不复存在，更有甚者还可能会由智能变“智障”。因此，机器人教师虽然具备了一定高度的智能，但这种智能还只是机器智能，而非人类智能。

（二）机器人教师的分类

对于机器人教师的分类，可以根据不同的标准进行不同的划分。这里根据机器人教师发展的实际，从实体化程度和适用的领域两个方面来进行相应的划分。

1. 程序型与实体型

根据实体化程度，可以将机器人教师划分为程序型与实体型两类。前者主要是依靠各种程序来运行的机器人教师，后者则是指一些与真人形态相似的机器人教师。

对于这一机器人教师类型的划分，需要做以下说明。

第一，无论是程序型的机器人教师还是实体型的机器人教师，都离不开程序。虽然实体型机器人教师的名称中没有明确提及程序，但事实上也同样离不开程序。如果机器人教师没有程序的话，就只能是机器，谈不上是机器人，更谈不上机器人教师。而且，作为与真人形态相似的机器人教师，其对程序的要求还更高，涉及的程序类型也更多样。

第二，与实体机器人需要有程序相似，程序型机器人教师也同样离不开实体，也具有一定的实体。只不过程序机器人的实体不像实体机器人教师那样是类似真人形态的实体，而是以诸如电脑等各种硬件设备呈现的物质化实体。如果离开了这些物质化实体，程序根本无法运行，自然也就谈不上程序机器人教师了。

第三，早期的时候，机器人教师都是程序型的。后来随着技术的进步，人们需求不断增多，不仅新增了实体机器人教师，使机器人教师由纯粹的程序型转向程序型与实体型并重，而且近年来实体机器人教师的发展比较迅猛，涌现出越来越多的实体机器人教师。尽管随着技术的进一步深化，人们对高质量教育的需求这一趋势很有可能进一步提高，但这也并不意味着未来所有的机器人教师都需要实体化。其实有些教学活动，如作业批改、学业情况统计等完全可以继续通过虚拟的机器人教师，通过电脑程序来完成。对于教学中类似于这部分的活动来说，基于电脑程序的虚拟机器人教师完全可以胜任，但如果也要实体化的机器人教师来完成，很可能造成机器人教师在功能设计上过度冗余，短期内可能降低其性效比。

2. 专门型与全科型

根据适用的领域，可以将机器人教师划分为专门型与全科型两类。前者主要是指适用于特定领域或特定学科的机器人教师，而后者则是指具有更加广阔的适用范围、能够胜任多个学科的机器人教师。

受认识能力和研发水平的限制，早期的机器人教师中绝大多数属于专门型的机器人教师。需要说明的是，尽管在早期以专门型机器人教师为主，但并不意味着当时没有进行全科型机器人教师的尝试。事实上，柏拉图系统就可以说是一个比较典型的全科型机器人教师。只不过由于受当时研发水平和当时教育的实际需求等方面的限制，主要以专门型机器人教师为主。后来，随着人们对机器人教师的认识逐渐深入，以及相关研发水平的不断提高，全科型机器人教师才渐趋增多。

对于这两种机器人教师来说，尽管其间的区别主要表现在各自所能承担的教学科目数量或者是教学任务的广度上，但由于机器人教师的机器属性，所以其区别在很大程度上并不是由这些机器人教师决定的，而是由其研发者来决定的，受研发者研发水平或者说当时科学技术发展水平的制约。如果机器人教师研发者的水平高，技术实力强，以及不是特别在意研发成本方面的投入，那么研发出通用性强、适应范围广的全科型机器人教师的可能性就越大。

对于机器人教师类型的划分，还需要做三个方面的补充说明：第一，每种划分都是基于相应的划分标准做出的。这也就意味着，对于不同类型的机器人教师只能在其相应的划分标准下进行比较，不能使用其他类型的划分标准进行比较。质言之，不同标准之间所划分出来的机器人教师类型是不具有可比性的。第二，关于机器人教师的分类，除了这里所呈现的两种划分方式外，还有其他的分类方式也同样可以用来进行相应的划分。比如，根据机器人教师任教的学段还可以划分为幼儿阶段、小学阶段、中学阶段及大学阶段的机器人教师。第三，随着人工智能的进一步加速发展，不仅机器人教师队伍数量会进一步发展壮大，而且其应用的领域及场景会进一步丰富。所有这些也都会推动机器人教师分类标准的丰富和深化，未来还将有更多的有关机器人教师划分的标准或方式。

二、代表性机器人教师举隅

对于机器人教师而言，尤其是广义的机器人教师，自从其出现以来，就一直引起包括教育领域在内的各个方面的高度关注。在此过程中，受到科学技术水平等多种因素的制约，机器人教师的发展可谓一波三折。虽然面临各种困难，但人类对机器人教师的研发总体上仍在不断前行。尽管前行之路颇为曲折，但也呈现欣欣向荣之势。下面就以一些比较有代表性的机器人教师为例来呈现其整体的发展概貌。

（一）柏拉图系统①

柏拉图系统的全称是自动教学用编程逻辑。被誉为“柏拉图之父”的伊利诺伊大学的唐纳德·比泽尔及其团队成员在1960年开发出这套系统的第一个版本，即柏拉图系统I。作为第一个专门设计用于普通教育用途的计算机系统，它采用训练和实践相结合的分支编程方法，把课程资料纳入到更大

① 张安生. 柏拉图系统：现代远程教育系统之源. 文明，2020（6）：136-151.

的相互关联的概念方案中，学生可以跳过过于简单或熟悉的内容，从而把时间花在更有深度或更有难度的内容上。柏拉图系统的设计理念虽然很好，但囿于当时的条件限制，在起初的时候并没有呈现出令人惊讶的优势：柏拉图系统I仅能容纳1名学生使用，并需要在伊利诺伊大学的ILLIAC计算机上运行。此后，研发人员不断地对该系统进行迭代，其功能也越来越强大：1961年研发出来的柏拉图系统Ⅱ可以容纳两名学生同时使用；1963—1966年研发出来的柏拉图系统Ⅲ已经拥有20个可以同时工作的终端。在此后的几年间，针对柏拉图系统Ⅲ进行了进一步的改进和升级，不仅具有进行代数学、解剖学、心理学、药理学、语言学和生命科学等学科教学的功能，而且服务范围也不再限于伊利诺伊大学，开始为当地的护理学校、社区学院和小学提供服务。到1970年，开发人员为柏拉图系统Ⅲ开发了720小时的课程软件，涵盖了不同层次的教学内容。1972年，柏拉图系统Ⅳ投入使用，并成为第一个对伊利诺伊州之外产生影响的版本。虽然柏拉图系统Ⅳ是柏拉图系统的最后一个版本，但相关研发工作在一段时间里并没有停止：先是增加了触摸交互功能，用户可以直接点击屏幕回答问题；除了支持键盘和触摸交互外，终端还支持连接外部设备，为音乐课程的教学提供了方便；基于数据控制公司提供的网络大型机，能够供1000多名用户同时使用；柏拉图系统上可使用的资源越来越丰富，20世纪70年代中期，柏拉图系统“已经准备了5000多小时的以计算机为基础的教学材料，其中包括20多个属于各个领域的一学期的课程”[①]；柏拉图系统在美国、南非、欧洲的普及，在一定程度上使这些国家的偏远地区摆脱了师资力量不足的窘境。

不胜唏嘘的是，本因技术而兴起的柏拉图系统后来由于没有跟上技术进步的步伐，最终被时代抛弃。2006年，柏拉图系统停止运营，宣告一个时代的落幕。同时，机器人教师实践应用的崭新篇章也逐渐开启。

---

① 联合国教科文组织出版部. 世界电化教育概况：利用教育技术进行科学教育的新动向.傅统先译. 上海：上海教育出版社，1979：17.

（二）吉尔·沃森

2016 年 5 月，《华尔街日报》报道了佐治亚理工学院开发的人工智能助教吉尔·沃森（Jill Watson）。该校教授阿肖克·戈埃尔（Ashok Goel）每学期都要开设一门以知识为基础的人工智能课程（KBAI）。该课程也是在线计算机硕士学位的一门核心必修课，每个学期有 300 多名学生选修该门课程。在课程相关的论坛上会产生近 1 万条实时信息，戈埃尔和其团队疲于应付。为解决这一问题，戈埃尔团队研发了机器人助教沃森。戈埃尔团队搜集了论坛上所有与该课程相关的信息，并根据这些信息对沃森进行了有针对性的训练。[①]在经过几轮测试后，沃森就在学生并不知情的情况下开始上岗，成为整个助教团队中的一员。因此，学生刚开始的时候并不知道沃森的真实身份，即他是一名人工智能助教，而不是一位真正的人类助教。当然，在此过程中，还是有些学生感受到一些“异常”：沃森很善谈、懂得多，回复效率也很高[②]，无论是通过邮件还是论坛里回复学生的问题时，不仅通俗易懂，而且在很短的时间里给予精确绝妙的回答。也正因如此，有学生一度想提名沃森为优秀助教。这个时候，戈埃尔教授团队不得不告诉大家，沃森并非真正的人类助教，而是一个机器人助教。

严格说来，沃森只是一个基于电脑程序应用的虚拟的机器人助教，只能通过网络在邮件或论坛里回复相关问题。其实这种机器人助教，或者类似的虚拟应用程序还有很多，一些智能推荐系统、问答系统都属于这一类。

（三）仙医小胖

不同于柏拉图系统、吉尔·沃森等严格说来基于电脑程序的机器人教师，“仙医小胖”是一种实体型机器人教师。“仙医小胖”作为由西安交通大学研发的国内高校首个人工智能机器人助教，其得名既与其“出生地”有关，也与其所擅长的领域有关：“仙”源于西安交通大学学生口中的“仙交

---

① 周晓垣. 人工智能：开启颠覆性智能时代. 北京：台海出版社，2018：80.

② 理查德·扬克. 机器情人：当情感被算法操控. 布晚译. 上海：文汇出版社，2020：125.

大”，由于汉语拼音中“西安”与“仙”拼法相似，因此学生戏称“西安交大”为“仙交大”；“医”则体现“仙医小胖”作为人工智能助教对医学教育事业做出的贡献①。

“仙医小胖”主要参与西安交通大学医学部基础医学院实验教学：一是承担与“课程思政”环节相关内容的讲授。根据教学安排，它会自行移动到讲台旁，启动身上的投影仪，然后一边播放一边讲述一些医学领域相关专家的事迹，开展“课程思政”教学。二是解答相关疑惑。学生通过手机扫描“仙医小胖”身上的二维码，就可以得到它能够回答的问题清单，唤醒平时处于休眠状态的“仙医小胖”后，就可以向它提问，进行人机交流。三是多才多艺。“仙医小胖”还会跳舞、唱歌，学生在课余时间还可观看它跳舞、唱歌，从而帮助学生舒缓紧张的学习压力②。

需要说明的是，虽然“仙医小胖”可以完成不少的工作，但这些工作都是事前授课团队中的教师和学生依据实验课程的需要，经过编写、剪辑、制作后植入“仙医小胖”的。因此，从严格意义上来说，“仙医小胖”的智能化水平并不算高，一方面，主要是用来代替人类教师开展一些重复性的教学活动，以节省相关教师的精力③；另一方面，也可以用作丰富课堂教学形式的载体，使教学活动更加寓教于乐。尽管“仙医小胖”的智能化水平有限，但作为我国首个高等教育中的实体化机器人教师，应该说迈出了实体化机器人教师参与教学的第一步。

（四）华君

人工智能全科教师“华君”是由以华南师范大学德育神经科学与人工智能实验中心主任黄甫全教授为首的国际化协同团队，倾力研发出来的能力卓越的人工智能全科主讲教师。黄甫全教授及其团队自2015年就开始启动对华君的研发。在经过精心的教学设计、脚本编制、脚本化编程和实验室实验

---

① 李阳波. 机器人助教“登堂入室”传授医术. 大公报，2019-11-30（A19）.

② 张彦刚. 机器人“助教”“仙医小胖”走进大学课堂. 陕西科技报，2019-12-06（8）.

③ 当然，在最初向“仙医小胖”植入相关内容时仍然需要付出相应的时间和精力。虽然此后也会不断地对相关内容进行修正、完善，但总体上节约了大量的时间和精力。

等一系列连续的研发活动后，小学人工智能全科教师——华君正式亮相。截至 2021 年，华君以“同课异构”的形式在广州、东莞等地进行了多次实验性的教学实践，取得了非常好的效果，如人工智能全科教师主讲课堂能促使学生增强学习动机、增加学习投入和提升学习成效等①。之所以能够取得如此明显的效果，与华君给教学带来的改变密切相关。仅从增加学习投入这个方面来看，人工智能全科教师的拟人化属性在三个方面获得明显改善：一是拟人化具身特征能够有效提升学生的学习专注度和发言率，显著增加学生的行为投入；二是拟人化行为表现能增强课堂活动的趣味性和引导性感知，显著提高学生的认知投入；三是拟人化交互功能提升学生的归属感和自我效能感，显著提高学生的情感投入。②

与“仙医小胖”相比，华君有较大不同：第一，华君作为直接被开发者称为人工智能教师的机器人教师，智能化水平相对较高，不仅可以协助人类教师承担部分教学活动，还能够作为主讲教师开展相关的教学活动；第二，华君作为一名全科教师，能够胜任多门课程的教学工作。根据有关材料，华君作为主讲教师至少参与了语文、数学、英语三个学科的教学；第三，二者所任教的教育阶段不同，华君是在小学参与教学，“仙医小胖”则在高校参与教学。

（五）数字人教师

随着虚拟技术的进步，特别是元宇宙的加持，数字人教师这一新型的机器人教师也呈现在世人面前，并频频亮相于一些相关的教育场景中。对于数字人教师的认识，需要从两个关键点进行把握：一是数字人教师既不是过去那种纯粹隐藏在相关硬件背后不见踪影的电脑程序，也不是完全真正意义上的实体化形态，而是既有电脑程序，又有基于程序的影像，是虚实共生、虚

---

① 曾文婕，周子仪，黄甫全. 人工智能与课堂教学深度融合的新路向：以“AI 全科教师主讲课堂开发”为例. 教师教育学报，2021（4）：38-47.

② 黄甫全，伍晓琪，丘诗盈，等. AI 全科教师主讲课程学习成效试验研究. 开放教育研究，2021（1）：32-43.

实融合的有机统一体；二是从目前的发展走势来看，数字人教师大概率是未来一段时间里机器人教师的重要代表者。当然，由于数字人教师严重依赖于当前的一些前沿技术，受到这些相关技术发展的制约，因此其未来既有可能加速，也有可能放缓，具有某种不确定性。

虽然数字人教师在未来具有不确定性，但这种不确定性主要是指其未来的发展速度，而非数字人教师本身。事实上，目前教育领域已经有一些数字人教师。下面就以“河开开”和“云笙”两位数字人教师参与的一些教育活动为例来进行简要的说明。

“河开开”是由河南开放大学与科大讯飞共建的人工智能工程研究中心研发的一名支持教学服务的女数字人教师。2022 年 2 月 21 日，新学期开学的第一天，河开开首次和大家正式见面。同年 3 月 24 日，河开开以一名积极向党组织靠拢的先进青年的身份参与了河南开放大学与国家开放大学两所学校 8 个党支部首次在豫京两地通过网络共同开展的支部联学活动，并领学了教育部主要领导关于教育数字化的相关论述及教育部关于教育数字化的战略部署。

“云笙”作为由华为云打造的首个虚拟数字人，在 2021 年 9 月举办的华为全联接大会 2021 上正式亮相，并作为新员工正式入职华为云。2022 年 2 月 21 日，华为云联合《教育家》杂志社面向全国中小学生推出的公益视频课程“2022 新春开学第一课：扣好人生第一粒纽扣”中，云笙化身为数字人教师登上讲台，围绕“求索・真谛”“荣耀・骄傲”“探索・发现”“陪伴・成长”四大篇章，为中小学生献上了一堂极具创新性和仪式感的开年大课，带领他们探索更广阔的世界。

如上所述，受技术的成熟度及社会认可度等方面的制约，尽管数字人教师的未来走向还存在一些不确定性，但其可以赋能教育是毋庸置疑的。而且，应该与历史上相关技术在教育中应用的发展路线相似，未来一定会有一批数字人教师加入机器人教师的大家庭。

三、优化机器人教师参与智慧教育的关键

虽然目前已有一些机器人教师（特别是实体机器人教师）参与教育的尝试和实践，但受到技术进步及观念认识等多方面原因的限制，离其全面推广应用还需要一段时间。在此过程中，应做到未雨绸缪，及早地进行审慎思考，不断优化、完善机器人教师，做好机器人教师参与教育的相关准备，并为其全面参与教育创造条件，推动智慧教育朝向新的发展阶段进发。从当前的情况来看，完善机器人教师参与教育的立法、制定机器人教师的技术规格和探讨机器人教师参与教育的理论是当前及今后一段时期机器人教师全面推广应用的三个重要影响因素，也是优化机器人教师参与智慧教育应着重给予关注的方面。

（一）完善机器人教师参与教育的立法

目前来看，机器人教师参与教育活动，首先面临的现实问题之一就是要在法律层面上允许机器人参与教育。虽然在一定程度上可以将机器人教师窄化为一种新的教学手段，但由于这种教学手段的智能性较强，明显有别于其他的教学手段，所以需要在法律层面上对其参与教育做出相应的许可。从目前情况来看，教育部等一些相关部门其实已经在这方面开始有所行动，给予了一定的许可。只不过这些许可一方面表述还比较宽泛、模糊，另一方面只是部门内部的政策层面上的许可，存在着法律效力还不够高的问题。如《教育部等六部门关于推进新型基础设施建设 构建高质量教育支撑体系的指导意见》在“创新应用新型基础设施”部分就明确提出，要“开发基于人工智能的智能助教、智能学伴等教学应用，实现‘人机共教、人机共育’，提高教学质量”。其中的“智能助教、智能学伴”在某种意义上也就可以理解为机器人教师。因此，从政策层面来看，已经开始允许一些形态的机器人教师参与教育。只不过这是教育部等部门发布的政策文件，法律效力明显弱于更高层级的法律、法规，并未在更高的法律规范上明确机器人教师参与教育的法律边界。这很可能出现机器人教师越界甚至难以进行责任认定等新的问

题。因此，围绕机器人教师参与教育活动的相关立法已经迫在眉睫，亟待通过立法来明确机器人教师的法律资格，厘清其参与教育的边界。如果不解决机器人参与教育的法律资格问题，那么机器人教师参与教育活动只能是表演性的、临时性的，甚至可能出现违法现象，以至于根本无法在教育中进行全面、系统的应用。

根据我国目前相关教育法律法规的规定，能够作为教师开展教育教学活动的只有两类成员：一类是具有中华人民共和国国籍的公民，另一类是少数外籍教师。机器人教师显然不属于二者中的任何一类。所以，从法理上来说，机器人教师根本无法参与教育活动，即使是一些辅助性的教学活动可能都无法参加。比如《教育部办公厅关于加强义务教育学校作业管理的通知》就要求“教师要对布置的学生作业全批全改”。如果机器人教师不能以教师的身份参与教育活动的话，那么根据上述规定，其连作业批改这样的活动都将无法参与，更遑论其他的教育活动。

相较于人类教师，机器人教师参与教育确实还是一个新生事物，其立法本身也的确需慎重对待。在此过程中，一方面，可以借鉴无人驾驶汽车等其他人工智能参与相关领域的做法，先在个别的学校或区域中进行试点，在此基础上不断总结经验，为立法提供坚实的基础，进而制定机器人参与教育的法律或法规；另一方面，要在上述先试点后推广的基础上，按照先易后难、先疏后密的原则，从允许机器人教师参与部分教育活动开始，逐步推进和完善相应的法律法规建设，最终为机器人教师参与教育扫除法律上的障碍。

（二）制定机器人教师的技术规格

机器人教师参与教育活动，除了需要获得相应的法律许可外，还要符合相应的技术规格和技术要求。这些技术规格和技术要求在某种意义上与人类教师需要具备教师资格是一样的，是机器人教师参与教育活动必须具备的条件，否则难以保证机器人胜任相应的教学工作。

尽管人们对机器人教师应具备什么样的技术规格可能存在不同的认识，但对其必须具备相应的资格的认识则是一致的。这里就以 Pepper 机器人的规格参数为例来说明机器人教师应该具备的相关技术规格。Pepper 是由日本软银集团和法国阿德巴兰机器人公司（Aldebaran Robotics）研发的具有分析和识别情绪功能的机器人。由于能够与人类进行交流，Pepper 在展览、探访、客户服务、小学和幼儿教育等领域得到了广泛应用，可以在一定程度上代表机器人教师应该具备的相关技术规格。从 Pepper 的规格参数来看，机器人教师所涉及的相关技术规格要求主要包括硬件与软件两大方面：硬件方面主要是各种实体化的硬件设备，由控制器主板、驱动电机、机械结构件、电池、传感器等组成，软件方面则是支持这些硬件设备进行活动的程序及网络，包括操作系统、软件体系结构、程序开发语言、数据库等方面。①需要说明的是，这两个方面还只是机器人教师应该具备的规格的粗略呈现。其实，无论哪个方面，还是这些方面的内部，不仅非常复杂，而且在不断地发展变化。即便是目前这种较为粗略的呈现，也已在一定程度上说明机器人教师需要具备的相关技术规格要求其实是非常复杂的。

机器人教师的技术规格与立法许可表面上看来好像是分属于互不相关的两个方面，但事实上二者不仅密切相关，而且相互影响：技术规格要求最终要以立法许可为前提，立法许可最终要反映到技术规格要求上。换言之，立法许可对技术规格提出了相应的技术规范，而技术规格又为立法许可提供了相应的参照。因此，既可以将立法许可和技术规格分开来进行，也可以双管齐下，将立法与技术统一起来，加快推动机器人教师在实践中的应用。

（三）探讨机器人教师参与教育的理论

机器人教师的加入使得教育从原来只有人类教师与学生两类主体参与的双向关系变成由人类教师、机器人教师和学生三类主体共同参与的多重关系。这一转变客观上也对教育理论研究提出了新的挑战，亟待建构与机器人教师参与教育相适应的教育理论。教育理论研究本身涉及的范畴非常广泛，可从多个不同的视角展开，这里从教育理论研究所涉及的主要范畴——教育主体、教育内容、教学过程、教学方法四个方面对完善机器人教师参与教育

① 张尧，王运武. 机器人教师. 南京：河海大学出版社，2020：72-73.

进行简要探讨，为机器人教师参与教育的理论提供一种可能性运思。

在教育主体方面，机器人教师的参与将会改变过去只有人类教师和学生两类参与主体，形成人类教师、机器人教师及学生三类主体共同参与教育的新格局。对这一新的格局，在前面相关内容中已经进行了阐释，故这里不再赘述。

在教育内容方面，机器人教师参与教学的情形从总体、具体两个方面分开来进行探讨。从总体来看，有些教学内容是个体成长过程中基础的、必备性的内容，不会因是否有机器人教师参与教育而发生改变，故在机器人教师参与教育后，这些内容仍会得到保留、延续。但具体的保留、延续的程度又有所不同：一些较为基本的教育内容不会因为时代的变化而发生改变，所以也不会发生太大的改变，其保留、延续的一致性程度非常高。有些内容则会随着时代的进步，在保留、延续的前提下其重要性会被重构：一方面，有些内容会从过去抽象深奥的理论“降格为事实”①，在降低了学生掌握难度的同时重构了教育内容的重要性和复杂性；另一方面，有些内容则会改变其关注的重心，比如“阅读最初是正规教育的焦点（学习如何阅读），然后变成了正规教育的手段（通过阅读学习）”②，在改变教育内容的功能定位的同时也会重构教育内容的生态结构。这也就意味着，有些教育内容的保留、延续具有特殊性，不同于上述一致性非常高的保留、延续。换言之，有些内容虽然依然会得以保留、延续，但其前后一致性的程度大幅降低。这不仅改变或重构了教育内容的生态结构，还对教育理论研究提出了新的要求。

与此同时，由于教育活动是面对具体的学生，是在实践中真实发生着的活动，因此教育内容也还会在上述总体保留、延续的基础上呈现出诸如因人而异、因时而异、因地而异等差异。需要再次强调的是，这些差异是在上述总体保留延续的前提下，基于人类教师和机器人教师之间的双师协作以及大数据的精准分析，将传统的“因材施教”主张或者当下的“差异化教学”实

① 戴维·多伊奇. 真实世界的脉络. 梁焰，黄雄译. 桂林：广西师范大学出版社，2002：11.

② 舒飒. 心智、脑与教育：教育神经科学对课堂教学的启示. 周加仙，等译. 上海：华东师范大学出版社，2013：92.

践变得更加便捷和常态化的必然结果。这也就意味着，在具体的教育活动中，不同学生实际面对的具体的教育内容一定是各不相同的。只不过有些不同非常明显，有些不同没有那么明显。对于这种情形虽然过去也在理论上进行了一些阐释，但由于实践中很难得到有效的贯彻执行，导致在相应的理论主张与实践发生之间存在较为明显的脱节现象。随着机器人教师的加入，不仅差异性的教育实践越来越可行，还对教育研究者提出了更高的要求，亟待建构更为完备的理论体系来阐释和引领教育内容变革后的新型教育实践。

在教学过程方面，由于机器人教师的参与，教学过程由原来的双边交互关系转变为多重可能的交互关系。其中，既有传统的人类教师与学生之间的关系，也有机器人教师与学生之间的关系，以及人类教师与机器人教师之间的关系等多重形态。这些形态都会作用乃至重构教学过程。这在前面相关内容中已经阐释，故不再赘述。

在教学方法方面，机器人教师参与教学与人类教师使用的教学方法非常相似。一方面，一些基本的教学方法，如讲授、谈话、演示等教学方法仍然会继续使用，不仅人类教师会使用这些教学方法来进行教学，机器人教师也会使用这些教学方法来进行教学；另一方面，由于教学方法受到教学主体、教学任务（内容）、教学过程等方面的影响，因此机器人教师参与教学后也会使教学方法方面在继承的基础上发生相应的改变，进而创新和发展出新的教学方法。教育理论研究者必须关注在机器人教师参与教学后教学方法可能发生的改变，并从理论上进行相应的思考和回答。

虽然真正意义上的机器人教师投身于教育实践还需要一段时间，但宽泛意义的机器人教师已经在教育实践中有所作为。而且，随着技术的进步，特别是人工智能技术的迅猛发展，一些较为成熟的机器人已经纷纷涌现的情况下，不仅未来的机器人教师研发技术会越来越先进、越来越成熟，而且在教育实践中的应用也将越来越普及。这些日益增长且日益完善的机器人教师的加入不仅使教育活动发生重大改变，亟待建构与之相适应的教育理论，而且其建构内容也非常复杂，不可能一蹴而就。因此，对于与机器人教师参与教学相适应的教育理论可以遵循先宏观再微观的方式逐步建立和完善，而不要寄希望毕其功于一役。目前迫切需要从完善机器人教师参与教育的立法、制定机器人教师的技术规格和探讨机器人教师参与教育的理论等方面着手，为机器人教师参与教育及提升智慧教育的发展水平保驾护航。

结　　语

CONCLUSION

对师生关系这一学校教育活动中最为重要的关系之一，从古至今人们一直都给予高度重视。之所以如此重视这一关系，不仅因为教育活动中客观存在着教师和学生之间的关系，还因为这是一种非常特殊的人际关系，是一种教育性突出的人际关系。为了更加充分地发挥师生关系的作用、切实提升教育质量，人们还特别关注师生关系的建设，不断根据一些相关的变化对师生关系及其建设进行思考，提出相应的要求。无论从历史还是从现实来看，这些思考和要求在转化为师生关系建设实践后，不仅能够切实改善师生关系，而且能够有效地改善教育实践。尤以一些发生在历史关键节点上师生关系变革所带来的改变最为明显，影响也更为深远。

具体到智慧教育而言，其与师生关系建设是一个双向互促的过程，不仅智慧教育会影响师生关系，而且师生关系会影响智慧教育的发展。如前所述，人类的教育在一开始就以追求智慧为目的，因此，从某种意义上来说，教育从一开始也就是一种智慧教育，即作为目的的智慧教育，并沿着智慧之路不断向前发展，呈现出相应的智慧教育演进阶段。在此过程中，不仅师生关系受相应阶段智慧教育的影响，智慧教育实践也同样受相应师生关系发展的影响。严格说来，师生关系的出现是由教育而引发的，是教育活动的必然选择。如果没有教育（或者说智慧教育），就不大可能会有现在所说的师生关系。所以，师生关系的出现本身就是人类追求智慧的产物，尤其学校教育层面上的师生关系更是如此。在学校教育出现之前，虽然不排除有经验的长者可以通过诸如言传身教等方式对年轻一代进行教育，但受施教者群体的自身水平等因素所限以及受教者的个体差异等多方面的影响，虽然这样的教育产生了一定的效果，但其效果比较有限，难以满足人们对接受更高水平教育的需求。当然，这不仅有教育方面的原因，还与当时的社会生产力水平不够高、科学知识不够丰富等方面密切相关。为了摆脱上述局限，学校教育正式出现，它不仅让师生关系正式固定下来，而且随着社会的发展而不断变化。因此，智慧教育活动不仅是师生关系形成的根本前提，还是师生关系发展的重要推动力量，随着智慧教育的不断发展，师生关系也在不断地变化和发展。也只有这样，师生关系才能更好地服务于智慧教育发展的需要，并推动智慧教育的发展；否则，智慧教育难以持续发展，师生关系的发展也会受到相应的影响。未来随着相关技术的发展，不仅智慧教育的水平会进一步得到提升，师生关系也会面临新的机遇与挑战。无论是对机遇的利用还是对挑战的应对，都需要从理论上对师生关系做进一步深入的分析。

需要说明的是，师生关系只是影响智慧教育发展的重要因素之一。也就是说，除了师生关系外，还有其他的一些方面同样会影响到智慧教育的发展。只不过于囿于主题的限制，本书着重从师生关系这个方面进行阐释。

当前，随着人工智能技术的勃兴，以及大数据、元宇宙等一些相关领域的兴起，不仅智慧教育将迈入新的发展阶段，掀开新的时代篇章，师生关系也面临新的发展机遇，将呈现出新的师生关系形态。更为重要的是，两者通过双向再度互促，不仅可以建构起更高水平的智慧教育，也还可以形成更高水平的师生关系。

参考文献

REFERENCES

专著

北京大学哲学系外国哲学史教研室编译. 1957. 古希腊罗马哲学. 北京：生活·读书·新知三联书店.

蔡瑞英，李长河. 2003. 人工智能. 武汉：武汉理工大学出版社.

戴本博. 1989. 外国教育史（上）. 北京：人民教育出版社.

戴维·多伊奇. 2002. 真实世界的脉络. 梁焰，黄雄译. 桂林：广西师范大学出版社.

方与严. 1946. 陶行知教育论文选辑. 北京：民联书局.

弗·兹纳涅茨基. 2000. 知识人的社会角色. 郏斌祥译. 南京：译林出版社.

顾小清，等. 2018. 从辅助教学到重塑生态：教育信息化发展之路. 上海：华东师范大学出版社.

黄甫全，王本陆. 2003. 现代教学论学程. 修订版. 北京：教育科学出版社.

孔子. 2018. 论语. 杨伯峻，杨逢彬注译. 长沙：岳麓书社.

拉尔夫·泰勒. 1994. 课程与教学的基本原理. 施良方译. 北京：人民教育出版社.

赖辉亮. 1997. 柏拉图传. 石家庄：河北人民出版社.

李秉德. 1991. 教学论. 北京：人民教育出版社.

李缙绅. 2008.《学记》解读. 济南：齐鲁书社.

理查德·扬克. 2020. 机器情人：当情感被算法操控. 布晚译. 上海：文汇出版社.

联合国教科文组织国际教育发展委员会. 1996. 学会生存：教育世界的今天和明天. 北京：教育科学出版社.

列·符·赞科夫. 1980. 和教师的谈话. 杜殿坤译. 北京：教育科学出版社.

罗树华，李洪珍. 2000. 教师能力学. 修订版. 济南：山东教育出版社.

迈克尔·霍恩，希瑟·斯特克. 2016. 混合式学习：用颠覆式创新推动教育革命. 聂风华，徐铁英译. 北京：机械工业出版社.
南国农，李运林. 1998. 电化教育学. 2 版. 北京：高等教育出版社.
南京师范大学教育系. 1984. 教育学. 北京：人民教育出版社.
朴哲范. 2010. 一日学习法：韩国学习大王朴哲范的奇效学习法. 鲁可译. 桂林：漓江出版社.
乔治・萨杜尔. 1982. 世界电影史. 徐昭，胡承伟译. 北京：中国电影出版社.
史忠植. 2006. 高级人工智能. 北京：科学出版社.
檀传宝. 2015. 教师职业道德. 北京：北京师范大学出版社.
滕大春. 1989. 外国教育通史（第一卷）. 济南：山东教育出版社.
田慧生，李如密. 1996. 教学论. 石家庄：河北教育出版社.
王道俊，王汉澜. 1989. 教育学教程（新编本）. 北京：人民教育出版社.
王建军. 2004. 课程变革与教师专业发展. 成都：四川教育出版社.
维娜・艾莉. 1998. 知识的进化. 刘民慧，等译. 珠海：珠海出版社.
吴立岗. 1998. 教学的原理、模式和活动. 南宁：广西教育出版社.
晓柏. 2019. 柏拉图传. 北京：中国华侨出版社.
熊川武. 1999. 反思性教学. 上海：华东师范大学出版社.
熊川武. 2010. 教学通论. 北京：人民教育出版社.
熊川武，等. 2001. 实践教育学. 上海：上海教育出版社.
熊川武，江玲. 2005. 理解教育论. 北京：教育科学出版社.
俞宣孟. 2012. 本体论研究. 3 版. 上海：上海人民出版社.
约翰・杜威. 2001. 民主主义与教育. 王承绪译. 北京：人民教育出版社.
约翰・杜威. 2004. 确定性的寻求：关于知行关系的研究. 傅统先译. 上海：上海人民出版社.
约翰・洛克. 1985. 教育漫话. 傅仁敢译. 北京：人民教育出版社.
约瑟夫・托曼，米洛斯接娃・托曼诺娃. 1987. 探索幸福的人：苏格拉底传. 许宏治，吴乐，赵永穆，等译. 北京：生活・读书・新知三联书店.
张焕庭. 1964. 西方资产阶级教育论著选. 北京：人民教育出版社.
张尧. 2020. 机器人教师. 南京：河海大学出版社.
赵国栋，易欢欢，徐远重. 2021. 元宇宙. 北京：中译出版社.
周晓垣. 2018. 人工智能：开启颠覆性智能时代. 北京：台海出版社.
朱小蔓. 2007. 情感教育论纲. 北京：人民出版社.
Schutz P A，等. 2010. 教育的感情世界. 赵鑫，等译. 上海：华东师范大学出版社.
Baker R，Inventado P. 2016. Educational Data，Mining and Learning Analytics. New York：John Wiley & Sons，Inc.
Braverman H. 1998. Labor and Monopoly Capital：The Degradation of Work in the Twentieth

Century. New York：Monthly Review Press.

David A H. 1985. From the American System to Mass Production：The Development of 50. Manufacturing Technology in the United States. Baltimore：Johns Hopkins University Press.

Martin J，Jurafsky D. 2009. Speech and Language Processing：An Introduction to Natural Language Processing，Computational Linguistics，and Speech Recognition. Upper Saddle River：Pearson /Prentice Hall.

Piegl L，Tiller W. 1997. The NURBS Book. Berlin：Springer Berlin Heidelberg.

Sullins J P. 2011. When Is a Robot a Moral Agent? Machine Ethics. Cambridge：Cambridge University Press.

Taylor P W. 1986. Respect of Nature：A Theory of Environmental Ethics. Princeton：Princeton University Press.

Wallach W，Allen C. 2009. Moral Machines：Teaching Robots Right from Wrong. New York：Oxford University Press.

期刊

曹艳敏，张爱华. 2008. 从功能到存在：新型师生关系的构建. 河北师范大学学报（教育科学版），（7）：105-108.

陈琳. 2015. 智慧教育创新实践的价值研究. 中国电化教育，（4）：15-19.

陈钟. 2017. 人工智能与未来社会：趋势・风险・挑战——从人工智能本质看未来的发展. 探索与争鸣，（10）：4-7.

谌安荣，张传燧. 2013. 教师职业生活：蕴涵、异化与回归——基于文化哲学的视角. 大学教育科学，（3）：70-75.

丁念金. 2015. 重建教学体系：一种必然. 湖南师范大学教育科学学报，（1）：51-57.

冯永刚，武佳萌. 2022. 我国师生关系研究的历史嬗变与前景展望. 山西师大学报（社会科学版），（4）：45-51.

高铁刚，杜娟，王宁. 2021. 学校智慧教育生态建设研究. 中国电化教育，（12）：26-32.

高文. 1998. 认知弹性理论、超文本与随机通达教学——一种折中的建构主义学习与教学理论. 全球教育展望，（6）：1-4.

韩民青. 2002. 宇宙的层次与元宇宙. 哲学研究，（2）28-34.

黄甫全，伍晓琪，丘诗盈，等. 2021. AI 全科教师主讲课程学习成效试验研究. 开放教育研究，（1）：32-43.

黄荣怀. 1999. CSCL 的理论与方法. 电化教育研究，（6）：25-30.

黄荣怀，郑兰琴，程薇. 2012，虚拟实验及其学习者可信度认知.开放教育研究，（6）：9-15.

黄荣怀. 2014. 智慧教育的三重境界：从环境、模式到体制. 现代远程教育研究，（6）：3-11.
金美福. 2003. 知识人：教师角色的知识社会学研究视角——知识人的社会角色分类方法及其应用价值. 外国教育研究，（4）：19-23.
金生. 1995. 超越主客体：对师生关系的阐释. 西南师范大学学报（哲学社会科学版），（1）：40-42.
靖国平. 2003. 从狭义智慧教育到广义智慧教育. 河北师范大学学报（教育科学版），（3）：48-53.
雷继红. 2010. 谈学生的“成就感情”. 上海教育科研，（10）：55-56.
李宝敏，王钰彪，任友群. 2019. 虚拟现实教学对学生学习成绩的影响研究：基于40项实验和准实验的元分析. 开放教育研究，（4）：82-90.
李秉德. 1937. 电影在中学学生的社会态度上所发生的效果. 教育改造，（3）：81-92.
李德毅. 2016. 人工智能在奔跑 教育的机遇与挑战——在“北京联合大学智能机器人产学研合作与人才培养创新发展研讨会暨机器人学院成立大会”上的报告. 北京联合大学学报（自然科学版），（3）：1-4.
李栋. 2018. 人工智能时代教师专业发展特质的新定位. 中国教育学刊，（9）：87-95.
李瑾瑜. 1998. 关于师生关系本质的认识. 教育评论，（4）：36-38.
李铁成. 2007. 论中小学教师的实践反思. 教育科学，（2）：57-60.
林德全. 1999. 教育主体性的误区及互为互动的师生关系略论. 柳州师专学报，（1）：76-80.
林德全. 2019. 未来教学走向探微. 现代基础教育研究，（4）：5-10.
林德全. 2020. 智慧教育背景下教师角色的重构. 中国教育学刊，（12）：34-44.
林德全. 2022. 三主体教学：内涵、背景与关键. 课程·教材·教法，（5）：54-60.
刘晖. 2001. 展望世纪教育 纵议热点问题（下）——谈在学校教育信息化建设中的若干问题. 电化教育研究，（10）：17-20.
刘俊. 2013. 智慧教育环境及其实现方式. 中国电化教育，（12）：20-26，46.
刘儒德. 1997. 影响计算机辅助课堂教学效果的因素. 中国电化教育，（3）：4-9.
卢妙娜，王润. 2010. 人工智能综述. 电脑学习，（2）：3-4.
吕卫华，邵龙宝. 2011. 中西文化中的智慧意涵：演变历程与价值意蕴. 大连理工大学学报（社会科学版），（1）：110-114.
蒲清平，向往. 2023. 元宇宙及其对人类社会的影响与变革. 重庆大学学报（社会科学版），（2）：111-123.
任友群，万昆，赵健. 2018. 推进教育信息化2.0需要处理好十个关系. 现代远程教育研究，（6）：3-11.
沈阳. 2022. 元宇宙不是法外之地. 人民论坛，（7）：44-47.

石中英. 2017. 谈谈教师的社会素养. 北京教育（普教版），（10）：22-23.
石中英. 2018. 简论教师的社会素养及其培育. 安徽教育科研，（1）：1-4.
苏令银. 2018. 论人工智能时代的师生关系. 开放教育研究，（2）：23-30.
孙喜亭. 2000. 也谈教学中的师生关系. 教育理论与实践，（10）：37-38.
唐烨伟，赵桐，王伟. 2015. xPAI：新一代学习技术规范引领智慧教育新标准. 现代教育技术，（1）：107-113.
汪潮水，吴奋奋. 1996.“双基论”的回顾与反思. 中国教育学刊，（1）：25-29.
王海芳，李锋. 2008. 人工智能应用于教育领域的新进展. 现代教育技术，（S1）：18-20.
王素月，罗生全，赵正. 2019. 教师道德的多层次发展逻辑及其结构模型. 教育研究，（10）：143-152.
王文喜，周芳，万月亮，等. 2022. 元宇宙技术综述. 工程科学学报，（4）：744-756.
王晓波. 2018. 迈向教师与人工智能协作的未来教育时代. 中小学信息技术教育，（1）：10-12.
王晓明. 2015. 钟晓流：从九方面解析智慧教育体系架构. 中国教育信息化（高教职教），（1）：39-40.
魏立言. 1994. 教育主体性问题论争述略（下）. 上海教育科研，（4）：11-17，23.
西风. 2021. 从 Facebook 改名 Meta 说起. 世界文化，（12）：4-5.
夏国军，苗毅. 2011. 孔子的理智只是范畴的罗列吗？以孔子的智慧观为视角. 文化学刊，（4）：93-98.
辛继湘. 2018. 当教学遇上人工智能：机遇、挑战与应对. 课程·教材·教法，（9）：62-67.
徐继存. 2005. 面向现实教学活动的师生关系建设. 教育研究，（1）：58-62.
徐升国. 2022. 元宇宙时代的阅读与出版. 科技与出版，（4）：5-10.
杨现民. 2014. 信息时代智慧教育的内涵与特征. 中国电化教育，（1）：29-34.
杨现民，余胜泉. 2015. 智慧教育体系架构与关键支撑技术. 中国电化教育，（1）：77-84，130.
杨颖秀. 2019. 研学旅行重在“研”出什么. 人民论坛，（34）：106-107.
殷宝媛，武法提，章怡. 2018. 智慧教育云平台标准的“三环”模型构建. 现代教育技术，（1）：86-92.
余胜泉. 2018. 人工智能教师的未来角色. 开放教育研究，（2）：16-28.
曾天山. 1992. 教学组织形式比较研究. 西北师大学报（社会科学版），（1）：78-83.
曾文婕，周子仪，黄甫全. 2021. 人工智能与课堂教学深度融合的新路向：以“AI 全科教师主讲课堂开发”为例. 教师教育学报，（4）：38-47.

张安生. 2020. 柏拉图系统：现代远程教育系统之源. 文明，（6）：136-151.
张进宝，黄荣怀，张连刚. 2012. 智慧教育云服务：教育信息化服务新模式. 开放教育研究，（3）：20-26.
张力力，张馨月. 2016. 人工智能背景下的基础教育发展展望. 教育科学论坛，（19）：28-29.
张奇伟. 2001. 仁义礼智四位一体：论孟子伦理哲学思想. 吉林大学社会科学学报，（3）：94-99.
赵秋锦，杨现民，王帆. 2014. 智慧教育环境的系统模型设计. 现代教育研究，（10）：12-18.
钟晓流，宋述强，胡敏，等. 2015. 第四次教育革命视域中的智慧教育生态构建. 远程教育杂志，（4）：34-40.
钟义信. 2009. 人工智能：进展与挑战. 微型电脑应用，（9）：1，10.
周洪宇. 2020. 迈向新时代教育信息化发展新阶段. 中国教育学刊，（10）：卷首语.
周榕，李世瑾. 2019. 虚拟现实技术能提高学习成效吗？——基于46个有效样本的实验与准实验元分析. 现代教育技术，（11）：46-52.
周思旭. 2005. 从后现代视角论师生关系重构. 河南师范大学学报（哲学社会科学版），（3）：176-179.
周玉霞，朱云东，刘洁，等. 2015. 同步直播课堂解决教育均衡问题的研究. 电化教育研究，（3）：52-57.
朱宏福. 2004. 论教师的教育信念及其培养. 现代大学教育，（2）：37-39.
朱永新，徐子望，鲁白，等. 2017. “人工智能与未来教育”笔谈（上）. 华东师范大学学报（教育科学版），（4）：15-18.
祝士明，陈静潇. 2019. 虚拟现实学习环境的作用、挑战以及应对策略. 现代教育技术，（2）：39-45.
祝智庭. 2014. 以智慧教育引领教育信息化创新发展. 中国教育信息化（高教职教），（5）：4-8.
祝智庭，贺斌. 2012. 智慧教育：教育信息化的新境界. 电化教育研究，（12）：5-13.
Avargil S，Bruce M，Klemmer S. 2019. A professional development activity to help teaching assistants work as a team to assess lab reports in a general chemistry course. Israel Journal of Chemistry，（6/7）：536-545.
Chris H，Khurana V，Harrison F，et al. 2016. Robotics and law：Key legal and regulatory implications of the robotics age（part I of Ⅱ）. Computer Law & Security Review，（3）：383-402.
Coeckelbergh M. 2010. Moral appearances：Emotions，robots and human morality. Ethics and

Information Technology，（3）：235-241.

Corbett A，Anderson J R. 1994. Knowledge tracing：Modeling the acquisition of procedural knowledge. User Modeling and User Adapted Interaction，（4）：253-278.

Dretske F. 1985. Machines and the mental. Proceedings and Addresses of the American Philosophical Association，（1）：23-33.

Edoardo D. 2011. Predicting the long-term effects of human-robot interaction：A reflection on responsibility in medical robotics. Science & Engineering Ethics，（1）：139-160.

Fosch V E，Kieseberg P，Li T. 2018. Humans forget，machines remember：Artificial intelligence and the right to be forgotten. Computer Law & Security Report，（2）：304-313.

Himma K E. 2009. Artificial agency，consciousness，and the criteria for moral agency：What properties must an artificial agent have to be a moral agent? Ethics and Information Technology，（1）：19-29.

Leenes R，Palmerini E，Koops B J，et al. 2017. Regulatory challenges of robotics：Some guidelines for addressing legal and ethical issues. Law，Innovation and Technology，（1）：1-44.

Moo J. 2006. The nature，importance，and difficulty of machine ethics. Intelligent Systems，IEEE，（4）：18-21.

Nambu T. 2016. Legal regulations and public policies for next-generation robots in Japan. AI & Society，（4）：483-500.

Selic B. 2003. The pragmatics of model-driven development. Software，IEEE，（5）：19-25.

Sharkey N，Sharkey A. 2006. Artificial intelligence and natural magic. Artificial Intelligence Review，25（1/2）：9-19.

Stonebraker M. 2010. SQL databases vs. NoSQL databases. Communications of the ACM，（4）：10-11.

Walsh T. 2016. Viewpoint：Turing's red flag. Communications of the ACM，（7）：34-37.

报纸

程盟超. 教育的水平线. 中国青年报，2018-12-12（9）.

李阳波. 机器人助教“登堂入室”传授医术. 大公报，2019-11-30（A19）.

刘林卿. 人工智能的新发展. 人民日报（海外版），2016-10-13（10）.

年双渡. 率先进入“元宇宙”：脸书豪赌能赢吗. 中国商报，2021-11-03（8）.

张彦刚. 机器人“助教”“仙医小胖”走进大学课堂. 陕西科技报，2019-12-06（8）.

朱永新. 迎接“人机共教”新时代. 中国教育报，2018-03-05（2）.